왜 당신은
부모를 위한 결혼을 하는가

왜 당신은 부모를 위한 결혼을 하는가

주체적인 삶을 위한 독립 프로세스 6단계

초 판 1쇄 2024년 08월 26일

지은이 이주호
펴낸이 류종렬

펴낸곳 미다스북스
본부장 임종익
편집장 이다경, 김가영
디자인 윤가희, 임인영
책임진행 김요섭, 이예나, 안채원

등록 2001년 3월 21일 제2001-000040호
주소 서울시 마포구 양화로 133 서교타워 711호
전화 02) 322-7802~3
팩스 02) 6007-1845
블로그 http://blog.naver.com/midasbooks
전자주소 midasbooks@hanmail.net
페이스북 https://www.facebook.com/midasbooks425
인스타그램 https://www.instagram.com/midasbooks

ⓒ 이주호, 미다스북스 2024, *Printed in Korea.*

ISBN 979-11-6910-780-8 03190

값 19,500원

미다스북스는 다음세대에게 필요한 지혜와 교양을 생각합니다.

왜 당신은
부모를 위한 결혼을 하는가

이주호 지음

주체적인 삶을 위한

독립 프로세스 6단계

미다스북스

부모님과 싸우기 싫지만
내 인생도 소중하다

여러분이 이 글을 읽기까지 얼마나 많은 상처를 받았을지 모르겠다. 남녀 두 사람 사이 마음 맞추는 것도 쉽지 않은데 왜 내 연애와 결혼에 제삼자들이 더 난리일까? 부모님의 결혼 반대는 '자식 사랑'이라는 포장지를 쓰고 우리를 더욱 아프게 하기도 한다. 나 역시도 그랬다. 내가 세상에서 가장 믿었던 부모님이 내가 세상에서 가장 사랑하는 사람을 인정하지 않는 것은 고통이었다.

매일 고통, 불안, 분노의 연속이었고, 올라오는 분노가 성격의 일부가 되어 만성적 고통이 되었다. 나는 불안에 취약해졌고, 불면증이 생겼다. 앞으로 나는 행복할 수 없을 것만 같았다. 불과 2년 전만 해도 내가 어떤 결혼 생활을 하게 될까 한 치 앞을 알 수 없는 때였다.

그런데, 지금은 부모님과 건강한 관계 속에서 결혼 생활을 행복하게 하고 있다. 싸운 후에 멀어지지도 않았고, 그렇다고 너무 가까이서 서로 간섭하고 지내지도 않는다. 무엇보다 내가 부모님께 긍정적인 감정을 느끼고 있다. 잘 협조해주신 부모님께 너무 감사하며 지내고 있다. 건강한 성인 대 성인의 관계가 맺어진 것이다. 내가 결혼을 리드하는 관계가 어떻게 가능했을까?

누군가는 말한다. '부모님이 그러시는 데는 다 이유가 있고, 부모님 말씀 따르는 게 좋아요…' 맞다. 부모님이 그러시는 데는 이유가 있다. 하지만, 무조건적으로 그 이유를 따르면 안 된다. 나는 절대 추천하지 않는다. 만약 10대, 20대 때 심지어 30대 때도, 부모님이 찬성하는 연애만 한다면 나중에 좋은 사람 만나서 잘 사는 사람이 몇이나 될까? 만약 이번 연애만 대충 헤어지고 넘어가면 다음 연애는 괜찮을까? 그런 연애만 반복해놓고, 어느 날 갑자기 심리적으로 독립된 사랑이 하늘에서 뚝 떨어질까? 나부터가 부모님 앞에서 나 자신의 의견을 존중하지 않는데 내 미래의 아내, 남편이 나를 존중할까?

이 책에선 부모님이 반대해도 잘 대처하고 행복해지는 방법에 대해 말하려고 한다. 이 책을 읽게 되는 여러분 대부분은 마음이 무겁고 혼란스럽고 절박한 상황에서 이 글을 맞이했을 것이다. 그리고 각종 자칭 연애 전문가, 이혼 전문가들이 나와서 여러 조언하는 것을 이미 많이 들었을 수도 있다. 하지만, 이 책은 남이니까 편하게 '부모님 말씀 들어라, 헤어져라, 그냥 해라.'와 같은 조언을 드리려고 하는 게 아니다.

⚭ 당신만의 문제가 아니다. 패턴이 존재한다

여러분은 부모님 간섭, 결혼 반대 고민이 정말 특이한 여러분만의 고민이라 생각할 수도 있다. 하지만, 생각보다 주변에 부모님이 결혼 때문에 반대하는 일들이 많다. 창피해서, 민망해서 말을 안 할 뿐이다. 상당히 많은 사람이 고통받는 문제이고, 엄연히 패턴이 존재한다. 그러니 전략적으로 접근해야 한다. 이 사실만 알아도 시야가 확 넓어질 것이다.

'내가 잘못한 건가?', '내가 특이한 건가?', '우리 부모님만 이런가?', 이와 같은 생각은 큰 도움이 되지 않는다. 고민에서 빠져나와 상황을 좀 더 넓게 봐야 한다. 시대의 문제, 세대의 문제, 대한민국이 처한 문제를 모두 봐야 한다. '우리 집만 문제다'라는 시각에서 벗어나 보자.

나는 집도 대대로 보수적이었고, 주변 친척들도 직업, 지역, 문화적으로 보수적이었다. 그렇다 보니 늘 내 생각은 어른들과 부딪히는 일이 많았고 가족과의 대화는 고통의 순간이었던 적이 많다. 어린 시절

엔 아빠 앞에 가서 말하는 것조차 무서워했다. 사춘기 시절 아빠한테 반항 한번 하려면, 뛰는 가슴을 부여잡아야 했다.

하지만, 성인이 되어서도 이런 관계를 맺을 순 없었다. 아빠가 반대하는 것, 아빠가 싫어하는 것, 엄마가 실망하는 것들도 해야 했다. 그중 하나가 내가 사랑하는 여자와 결혼하는 일이었다. 그래서 나는, 건강하게 부모님과 분리가 되는 방법과 주체적인 삶을 찾는 방법에 대해 누구보다 많이 고민하고 시행착오를 겪었다. 의대를 다니면서 심리학 개론, 정신 의학을 필수 과목으로 수강하고 정신과 실습을 돌며 상담도 체험해 봤다. 더불어서, 제도권 밖의 노하우들을 수집하기 위해 종교적 수행도 찾아보면서 고민하고, 코칭학을 공부하며 어떻게 배우게 할 수 있을까 연구했다. 경험과 이론 두 마리 토끼를 다 잡으려 노력했다. 살기 위해서 말이다. 우린 왜 이렇게까지 고통스러워야 할까? 이 책은 나의 오랜 공부에서 나온 전략과 9년간의 투쟁의 경험에서 나온 것이다. 이것만 놓치지 않으면 여러분도 행복한 사랑을 하고, 부모로부터 독립할 수 있다. 지금 여러분은 이 글을 만나기 전의 여러분과 이미 다른 사람이다. 이제 '주체성 심리학'을 배운다면 말이다.

💍 사교육 열풍 속에 우리가 배우지 못한 것: 어른이 되는 법

우리는 성장기를 거치며 많은 것을 배운다. 맨 먼저 숨 쉬는 것부터, 소화하는 법, 걸어 다니는 법, 말하는 법, 울지 않고 요구하는 법, 학습하는 법, 규율을 지키는 법…. 그중에서도 성장기 과업 중 가장 마지막에 배우는 것이 바로 이성과 교제하는 법이다. 인류가 성장기 과제 중 연애를 가장 마지막에 배우게 세팅되어있는 데는 이유가 있다. 제일 어렵기 때문이다. 나의 원초적인 욕구, 상대방이 가진 성의 원초적인 욕구, 복잡한 감정, 남녀로서의 사회적 인식, 서로 다른 사고방식에 대한 이해, 배려, 장기적인 만남에 필요한 신뢰를 쌓는 법, 적절한 표현 방법, 성관계를 할 때 조심스럽고도 센스 있게 합의하는 것들…. 그리고 이것의 가장 마지막 결정체는, 사회적으로 통용되는 방식으로 약속하는 결혼이라는 행위이다. 그러니 결혼이 어렵게 느껴지는 것은 자연스러운 일인지도 모르겠다.

하지만 학교에서는 바람직하게 연애하는 법이나 성인기에 부모님과 건강한 관계로 재정립하는 법은 배우지 않는다. 오히려 민망해하고 숨긴다. 그래서 그런지 그냥 주변 어른들을 통해 학습하는 게 전부다. 그런데, 우리 이렇게 생각해보자. 만약, 우리가 미적분 하는 법을 학교에서 안 배우고 주변 어른들을 통해서 배웠다면 어떨까? 근현대

사를 주변 어른들을 통해서만 배웠다면 또 어떨까? 편견이 섞이기도 하고 서로 말이 다르기도 하고, 그저 개인적일 뿐인 주장들 사이에 혼란이 올 것이다.

이게 우리가 성인으로서 관계 맺는 법에 대해 어른들에게서만 배웠을 때 현실이다. 부정확하고, 집집마다 다르고, 편견이 섞였는지, 누군가의 개인적인 주장은 아닌지 아무 검증이 안 된 추측들 사이에서 우리는 대충 우리가 배운 게 맞을 거라고 생각하며 서서히 나이 들어간다. 이게 '부모님이 결혼 반대하는 데는 다 이유가 있다'라는 말을 대충 믿어서는 안 되는 이유이다. 부모님과 싸운다고 해결되는 건 아니다. 무작정 싸우기만 한다면 그 또한 주체적인 삶을 살 능력을 박탈당했다고 볼 수도 있다. 그래서 이 책에서 우린 건강한 성인으로서 생존하는 법을 배울 것이다. 여기엔, 나의 정신적 자유가 들어가기도 하고, 행복하고 주체적인 결혼이 들어가기도 한다.

일단, 우리는 이 책에서 첫 번째로, 우리가 기존에 갖고 있던 가족 문화에 대해 비판적인 관점을 가지는 연습을 할 것이다. 건강한 가족 관계 모델에 대해 인지하고 있어야 과거의 타성으로 돌아가지 않는다. 두 번째로, 미움받을 용기를 훈련할 것이다. 여기부터 뇌과학적인 훈련이 시작된다. 미움받을 용기를 되찾는 것이야말로 관계 주체성을 지키는 일이다. 세 번째로, 반대하는 결혼을 할 수 있게 여러분 마인드의 기본을 다진다. 네 번째로, 여러분의 통제권을 되찾는 훈련을 할 것이다. 다섯 번째로, 건강한 감정으로 관계를 맺는 훈련이 될 것이며, 마지막으로 이 모든 것을 대인 관계력으로 치환해내는 처세술을 배울 것이다. 이 6단계가 여러분이 주체적인 삶으로 가는 핵심 열쇠다.

이 과정에서 여러분은 크게 세 가지 능력을 키울 것이다. 첫 번째는 멘탈[1]이다. 인간관계 문제에서 회복 탄력성은 관계에 종속되지 않는 기본이다. 멘탈은 이 회복 탄력성을 기반으로 나를 조절하는 능력이라고 볼 수 있다. 두 번째로 자아 분화력이다. 건강하게 분리된 개인으로서 주변 사람들에게 종속되지 않는 능력이다. 이를 위해 자기 인지력을 올려야 할 것이다. 세 번째로, 포지셔닝이다. 리더로서 중요한 대소사를 리드할 수 있는 대인 관계력이라고 할 수 있다. 이 과정은 자기 계발, 인문학, 뇌과학, 심리학, 정신 의학, 수행적인 요소를 모두 갖고 있다. 여러분이 주체적인 삶을 살기 위해서는 이 모든 분야가 필요하다. 이 책은 그 모든 과정을 담고 있다.

---

1) 이 책에선 멘탈력으로도 언급한다. 멘탈력은 더그 스트릭챠크직이 MTQ48 진단도구를 통해서 정의한 개념으로, 통제, 전념, 도전, 자신감의 4가지 능력으로 이루어져 있다. 회복탄력성과 가장 맞닿아 있는 개념이다.

💍 부모님의 결혼 반대는 무조건 극복할 수 있다

지금은 태연히 이 글을 쓰고 있는 나도 연애 기간 10년 동안 90% 이상을 부모님께 여친 만난다고 말도 제대로 못했다. 얘기만 꺼내면 인상 찌푸리고 가족 분위기 얼어붙는데, 사람이 눈치가 있지 어떻게 말하겠나···. 하지만, 지금은 며느리에게 친절히 대해주시고, 우리 불편하지 않게 신경 많이 써주신다. 누나들도 동참해서 온 가족이 아내의 시댁 생활이 불편하지 않게 배려해준다. 정말 기대도 안 했던 일이다. 사람 일은 정말 모르는 것이다.

나는 수강 회원분들이 성공적으로 결혼식을 치르면 결혼식장에 꼭 참석한다. 여러분에 앞서, 사랑을 지켜내고 자신의 인생을 개척해낸 멋있는 선배들이 존재한다. 그들이 결혼식장에 입장, 퇴장할 때의 표정을 보면, 내가 이분들을 도와드리길 정말 잘했다는 생각이 든다. 여러분도 할 수 있다. 내가 했고, 많은 사람이 해냈다. 이 책을 읽고, 용기를 얻어 여러분들이 자신의 사랑을 지켜내고, 여러분의 인생을 지켜내면 나는 더 바랄 게 없다.

목차

첫 번째 문:

정서적 독립 못하면
결혼도 하지 마라

❋❋❋❋❋❋❋❋❋❋❋❋❋❋❋❋❋❋❋❋❋❋❋❋❋❋❋❋❋❋

"부처님이 부모님 허락받고 출가하려 했다면 깨달음을 얻을 수 있었을까요?"

법륜스님

1

사랑이라는 이름의 감옥

    한 직원 채용 기업에서 직장인들을 대상으로 한 설문조사를 한 적이 있다.[2] 질문은 흥미롭다. '귀하의 부모님이 헬리콥터 부모'라고 생각됐던 적이 있나요? 무려, 고등학생, 대학생도 아니고 직장인에게 한 조사다. 그런데 무려 27%가 그렇다고 대답했다. 현실 인지력도 떨어지는 마마보이, 마마걸들을 제외하고 스스로 심각성을 깨달은 분들만 27%이니 실제로는 더 많을 것이다. 이 27% 중에서 24%는 '떨어져 있을 때 핸드폰으로 일상 통제', 22%는 '친구, 결혼 상대자 결정에 대한 간섭'으로 답했다. 자 하나하나 뜯어보자.

---

2) 오세은. "성인남녀 10명 중 3명, 자신의 부모를 '헬리콥터 부모'로 인식", 아시아투데이, 2017.

귀하의 부모님이 '헬리콥터 부모'라고 생각됐던 적 있나요?

떨어져 있을 때 핸드폰으로 일상 통제	**24%**
친구/결혼 상대자 결정에 대한 간섭	**22%**
적성이나 니즈와 무관한 진로 방향 설정	16%
대학 등 학업 관련 행사에 함께 참석	8%
대학에서 수강할 과목에 대해 조언	6%

27% 그렇다

직장인 대상으로 핸드폰으로 일상을 통제한다고 하는 것은 아주 심각한 사안이다. 단순히 뭐하니? 수준이 아니다. 나에게 상담 오시는 분들의 50~60% 정도는 업무 중인데도, 전화를 받지 않으면 부모님이 부재중 전화를 몇 통씩 하고, 심지어 이성 교제 상대와 만나고 있을 때는 수십 통의 부재중과 비난의 카톡도 경험했던 분들이다. 이 사례 중 몇몇 극소수의 사례는 심지어 '스토킹 범죄에 관한 처벌'로 형사 고소를 할 수 있을 정도로 심하다. (물론 이런 케이스는 나르시시스트 부모라는 범주에 넣을 수 있는 극단적인 케이스다)

다음은 친구, 결혼 상대자 결정에 대한 간섭이다. 말이 친구지, 직장인이 무슨 엄마한테 통제당할 친구가 있겠는가. 이거 다 사실상 남자친구(이하 '남친'), 여자친구(이하 '여친'), 썸 타는 남자(이하 '썸남'), 썸 타는 여자(이하 '썸녀')에 대한 얘기다. 엄마 아빠 때문에 연애도 결혼도 제대로 못 결정하는 것이다. 우리는 K-드라마만 봐도 쉽게 볼 수 있다. 자녀들의 결혼에 양가 부모님들이 나서서 서로 커피잔을 부어버리고, 케이크를 집어 던지고 소리를 빽빽 지르는 모습들 말이다. 우린 너무 당연하게 생각한다. 자녀의 결혼을 본인의 결혼처럼 나서는 부모들의 모습을 말이다. '다 자식들 잘되라고 그런 거지~'라는 말로 넘어가기에는 뭔가 잘못되었다. 뭔가 너무 멀리 와버렸다.

나에게 찾아온 한 수강 회원은 남친이랑 데이트하기 전에 미리 부모한테 알리고 가지 않았다고 혼나는 게 일상인 분이었다. 남친 만나러 가는 횟수도 부모님이 통제했고, 연락도 반드시 제때 받아야 했다. (낼모레 30이다) 남친과의 데이트를 부모님께 허락을 구하지 않고 통보해버리면 그땐, "네가 얼마나 나쁜 딸인지 알아야 한다"라는 설교를 30분 이상 들어야 한다. 이 분의 경우에는 강단 있고, 자기 삶에 대한 갈망이 강하니까 관계 주체성 트레이닝을 해서라도 벗어나려고 했던 것이지, 많은 20대와 30대는 이런 부모님에게 타협하게 된다.

'에이 뭐 극단적인 그런 사람도 있겠지~'라는 생각이 들 수도 있다. 하지만, 이렇게 극단적이지 않고 교묘하게 괴롭히는 경우는 더 흔하다. 수강 회원의 100%는 '반대하는 결혼을 하고 싶어 한다는 이유로

부모님과 부정적인 대화가 반복되는 경험'을 했다. 자녀를 단념시키기 위해 심리적으로 교묘한 수법을 쓰거나, 지속적으로 괴롭혔다는 점에서는 모두 동일하다. 80%는 자신의 단호한 의향을 밝힌 뒤, 두 분 중 한 분 이상과 연락이 소원해지는 경험을 했다. 마치, 자식이 행복한가의 문제는 이미 머릿속에서 떠나가 버리고, 더 나은 집안과의 결혼이 자신들에게 더 중요한 문제가 되어버린 듯하다. 어떤 부모님들은 그냥 자존심 싸움에 온 영혼을 바치기도 한다. '어딜 감히'가 온 머리와 가족 전체를 지배한다. 결과적으로 이런 부모님들은 자식을 하나의 인격체로 존중하지 않고, 본인들의 자식을 신뢰할 용기를 잃어버리는 실수를 하게 된다.

여기까지 듣고 불편할 수도 있다. 우리 가족 이야기 같아서 창피할 수도 있다. 괜찮다. 나도 5년 전, 이 조사에 임했으면 다 해당한다고 체크했을 것이다. 그래 놓고 누군가에게 꺼내놓지도 못하고 끙끙거렸을 것이다. 나는 무려 8년 가까이 여자친구와의 데이트 도중 울리는 엄마의 전화에 가슴이 내려앉곤 했다. 부모님과 연애나 결혼에 관한 대화를 하게 될 것 같으면 무조건 자리를 피했다. 누나들과 여친에 관한 대화를 하면, 나에게 시비를 거는 듯한 느낌이 들었다. 가족 전체가 날이 서 있으니 눈치가 안 보일 수가 없었다. 숨이 막히는 나날들이었다. 아니 차라리 숨 막힌다고 느낄 때가 낫다. 최소한의 일어서려는 용기도 잃어버릴 때는 답답하지도 않다. 오히려 무기력하고 우울하다.

우리는 현실을 마주해야 성장한다. 진실을 마주해야 대비하고 행복을 마주할 수 있다. 마주하기에 불편한 게 많아서는 인생이 자유로워질 수 없다. 나는 마주하고 또 마주하면서, 수많은 눈물을 훔치고 어금니를 꽉 깨물고, 주먹으로 책상을 내리쳤던 나날들을 보냈다. 그러면서도, 나를 돌아보고, 우리 사회를 돌아보고, 내가 원하던 미래를 돌아보았다. 그 결과, 부모님과 맘 편하게 결혼식을 치르고, 부모님과 더욱 건강한 관계를 맺었다.

이 과정을 거치지 않았다면 결혼식장에서 아빠가 눈시울이 붉어지며 "잘 살아야 한다…!"라고 하며 포옹하시는 모습을 볼 수 없었을 것이다. 나와 아빠는 무뚝뚝한 경상도 부자다. 이 장면의 충격은 지금도 잊히지 않는다. 30년 넘게 봐왔던 아빠를 온전히 안다는 것은 이렇게나 어렵다.

그러니, 이 책은 부모님 세대를 욕보이려는 게 아니다. 욕 자체가 목적이거나, 비난만으로 끝낸다면 그것이야말로 비겁한 정신 승리다. 그러기보단, 부모님과 나 자신을 합리적으로 비판할 줄 알아야 한다. 비난이 아니라 비판이다. 부모님을 침착하게 비판할 수 있어야 비로소 존경할 수 있다. 누군가를 능동적으로 존경할 수 있으면 비로소 여러분은 자유롭다. 이 책을 끝까지 읽으면 여러분도 그 깨달음에 한 걸음 다가갈 수 있으리라 생각한다.

👁 한국 부모님들은 왜 그럴까?

대한민국 사회는 지독하게 동질적인 사회다. 대부분이 비슷한 생각을 하고, 비슷한 일을 하고, 비슷한 시기에 결혼하고, 비슷한 돈을 벌

왜 당신은 부모를 위한 결혼을 하는가

고, 비슷한 방식으로 종교를 믿고, 남녀 성향 또한 전 세계에서 가장 동질적인 사회였다. 우리 부모님들이 어렸을 땐 우리보다 동질성은 더 심했다.

내가 결혼할 때, 우리 부모님은 경상도 쪽, 처가는 충청도 쪽 분들이었다. 그런데도, 양가 부모님이 예단 예물, 서로 선물을 주고받는 과정에서 죽이 잘 맞으셨다. 마치 같은 지역 출신이신 듯 말이다. 부산 출신인 나와 인천 출신인 내 아내는 타지에서 온 이방인일 뿐이었다. 어디까지나 젊은 남녀가 볼 때 이야기다. 한국의 결혼 문화를 그때 처음 피부로 느꼈다. 스드메(결혼에 필요한 스튜디오, 드레스, 메이크업을 줄여 부르는 말) 따위가 아니라, 양가 어른들이 서로를 어떻게 존칭하는지, 어떤 걸 중요시하고, 어떤 걸 인사치레로 왕래하는지 세세한 것들 말이다.

이렇듯, 대한민국 부모님들은 살면서 나와 다른 형태의 삶을 사는 사람을 본 적도 거의 없고 대해 본 적도 거의 없다. 다른 민족, 다른 언어, 다른 혼인 문화를 본 적이 없다. 이런 환경에서 성장기를 이미 다 보내버렸다면, 별거 아닌 디테일한 차이도 눈에 거슬리고, 삶의 위협이라고 느낄 수밖에 없다.

남들과 비슷한 집에 사는 것, 방 개수, 가구 브랜드, 첫 연애 시작하는 나이, 공부에 대한 가치관, 상대방 부모님 직업 등등 사소한 것 하나도 다르면 부정적으로 보기 시작한다. 하지만, 현실적으로 모든 사람이 같을 수 없다. 특히나 대한민국 사회는 빠르게 다양화되었다. 같은 사람 찾기가 이제 거의 불가능해졌다. '우리 집안과 맞는 집안'을 찾는 건 망상이 되었다. 괜히 결혼 중개업체가 잘 나가겠는가? 불가능한 걸(우리 집안과 맞는 완벽한 집안) 계속 시도하려다 보니 남에게 자꾸 의탁하게 되고 그 심리를 노린 업체들이 돈을 버는 것이고 그런 사람들끼리 한 우물로 모이게 되는 것이다.

하지만, 한국 사회가 지나치게 차이를 싫어한다는 그것만으로 부모님이 이렇게까지 자녀들의 결혼이나 사생활 문제에 공격적으로 변하는 건 이해가 가질 않을 것이다. 사랑하는 자식이 연애하겠다는데… 이성을 잃는 부모님이 이해가 가질 않는다. 여기서부턴 심리학적인 부분을 간단하게라도 알아야 한다.

⚭ 한국 부모는 불안감으로 힘들고 불안감 때문에 살아간다

대한민국의 부모님의 자식에 대한 사랑은 불안감과 공생한다. 불안하게 살고 불안해서 자식을 더 챙긴다. 모든 게 불안하다. 집이 없어서 불안하고 집을 사서 불안하다. 애가 없어서 불안하고 애가 생겨서 불안하다. 자식이 공부를 못해서 불안하고 상위권이면 떨어질까 불안하다. 공부 안 하고 돈 벌러 나가겠다 할까 봐 불안하고 취직 안 하고 공부만 하고 있으면 평생 이럴까 봐 불안하다. 연애할까 봐 불안하고 제짝 못 찾을까 봐 불안하다. 즉, 헤어져라. 이래라저래라. 라는 말의 기저에 있는 심리는 불안감이다. 그리고 이 불안감은 존재감을 느끼게 한다. 정서적으로 성숙하지 못한 사회는 불안감을 통해 서로가 살아 있음을 느낀다.

또 한편으론, 대응 방식의 문제가 겹쳐 있다. 대한민국 사회가 불안감에 대응하는 방식이 드러나는 부분이다. 불안감을 대비하고 관리하기보단, 감정을 억압하고 남을 통제하고 감시한다. 비민주적이고 봉건적인 방식이지만 이 방식을 택한다. 대한민국의 가정은 대한민국 사회에서 군대 다음으로 가장 비민주적이다. 중앙대학교 독어독문학과 교수 김누리 교수님에 의하면, 정치의 민주화, 사회의 민주화, 경제의 민주화, 교육의 민주화 중 정치의 민주화를 제외하곤 3대 민주화가 진행되지 않은 것이 한국 사회의 모습이다. 이것의 근본은 무엇일까? 바로 가정에서 시작된 비민주적인 통제와 감시다. 불안하기 때문에 더욱더 통제하고, 일단 하지 말라고 한다. 그리고 말을 듣는지 감시한다. 이게 우리가 겪고 있는 현실이다. 결국 갈등을 일으키는 핵심에는 부모님의 불안감과 남을 통제하고자 하는 방식, 이 두 가지가 있다는 것을 알아야 한다.

내가 결혼을 뚝심 있게 진행하는 게 가능했던 이유도 이 특징을 이해하면서부터다. 부모님의 불안에 휘둘리지 않고 통제에서 벗어나는 포지션을 잡고 대화하는 법을 알아야 했다. 결혼하고 가정을 이루려면, 리더로서의 배짱 정도는 생겨야 한다. 그리고 이걸 부모님께 보여드려야 한다. 하지만, 부모님 한마디에 일희일비하거나, 헤어져야 하나 고민한다면, 부모님들은 여전히 불안하다.

내 부모님은 누구보다 나를 사랑했다는 사실을 잘 알고 있지만, 정말 불안하실 때는 정말 공격적이시기도 하다. 그분들의 한마디에 너무너무 화가 나서 분노의 눈물을 흘리기도 한다. 하지만, 어느 날 나는 그들의 불안을 엿보았다. 부모님도 한 나약한 인간에 불과하다는 사실을 깨달았고 부모님의 약한 빈틈을 볼 수 있는 안목이 생겼다.

빠르게 변해가는 이 시대 속에서, 늙어가는 부모님이 "자녀들이 벌써 독립할 때가 되었나"라는 현실을 받아들이는 데에 시간이 걸린다. 세상에서 잊힐까 봐 두려운 그 감정을 나름의 미숙한 방식일 수 있지만 표현하고 있던 것이다. 내가 가족들의 감정에 대한 통찰력이 낮았다면, 상황을 이해하고 리드하는 것이 불가능했을 것이다. 여러분들도 지금 단계에서는 건강하지 못한 가족을 건강하게 비판해보자.

질문

내가 인지하지 못했던, 가족들의 건강하지 못한 간섭은 무엇이 있었을까?

2

유교 사회라는 우물에서 벗어나라

👁 시대에 뒤처진 가족 문화

21세기가 되고도 20년이 넘게 지났다. 역사적으로 보면 사회 변화에서 정말 안 바뀌는 것 중의 하나가 결혼에 대한 가치관, 가족에 대한 가치관이다. 우린 가족 관계가 평화롭길 간절하게 원하지만 그게 가능하게 하는 원리는 잘 모르는 듯하다. 가치관과 문화도 시대에 따라 달라지니 그걸 따라가야 하는데 말이다.

조선 시대 때는 결혼을 반대할 필요도 없었다. 감히 연애하다니! 결혼하지 않은 남녀 간의 사랑이라는 것 자체가 존중되지 않던 시대다 보니 결혼 반대가 흔치 않았다. 물론 양반에 국한된 내용이긴 하지만…. 하지만, 한국 사회가 빠르게 근대화되며 결혼 반대라는 사회 현상이 나타나기 시작했다. 하지만 이상한 현상이다. 시대가 더 현대화 되면 결혼 반대가 오히려 누그러질 때도 되지 않았나? 상호 존중의 시대 아닌가? 하지만, 결혼 반대 사례는 더 많아지고 더 심해지고 있다.

부모님들은 결혼 반대를 합리화하기 위한 반대 이유는 점점 많아진다. 상대 집안의 돈, 전문직 여부, 정규직 여부, 부모님 재산, 건물 소유 여부, 사주팔자, 결혼하는 나이 등 결혼시키기 싫어서 핑계 대는 이유만 더 현대 사회에 맞게끔 늘어날 뿐이다. 여기서 우린 정신을 차리고 생각해 봐야 한다. 이게 단순히, 부모님이 옛날 사람이라 생기는 문제일까? 우물 안의 유교 사회에서 자란 우리가 뭔가에 홀려 있는 건 아닐까? 사실 이 챕터가 '여기가 우물 안이라는 것'을 깨닫는 단계다. 건강한 비판 속에서 정서적 독립이 필요성을 깨닫는 단계다.

21세기 들어 미국 동부 지역을 중심으로 헬리콥터 부모, 가스라이팅 부모, 자녀의 결혼에 간섭하는 부모의 문제가 떠오르고 있다. 틱톡, 쇼츠, 릴스만 봐도 통제적인 부모를 대처하는 법이 넘쳐난다. 한국이 수출한 것일까? 요즘 서양 부모에게도 나타난다면 문제는 뭘까? 과연 결혼 반대가 단순히 예스러운 유교관의 문제일까? 이런 물음에 대해 우리는 해답을 조금 더 찾아 나서야 한다. 이해 없이 우리는 일상 통제, 결혼 반대 상황에서 내 삶이 망가지는 걸 막아낼 방안이 없다. 우린 생존을 위해 이해해야 한다. 생존을 위해 가족 문화를 바로 잡아야 한다. 이건 단순히 부모님이 시대에 뒤처진 것에 국한된 문제가 아니다. 자녀 세대도 뒤떨어져 있다!

ⓞ 잃어버린 전통, 지키지도 못하는 신문화

우리는 전통 가족 문화에 대한 이해도도 떨어진다. 현재 가족 문화는 '한국적'이지도 않고, 그렇다고 '서양적'이지도 않다.

예를 들어보자. 나에게 상담받으러 오는 분들은 나름 교육을 잘 받은 분들이다. 부모님들도 자녀 교육에 관심 있고, 제대로 교육받은 사람들이다. 하지만, 이분들도 예외 없이 청소년기에 꼭 겪는 일이 있다. 바로, 부모님이 '노크'도 없이 벌컥벌컥 문을 열고 들어온다는 것이다. 거기에 더해 '문을 못 잠그게 한다'라는 것이다. 청소년기의 단순한 치기 어린 반항을 제쳐두고라도, 아파트라는 공간의 특성상, 자신의 사적 공간을 지키기 위해서는 노크를 반드시 하거나 문을 잠그는 게 필요할 때가 많다. 하지만, 왜인지 한국 부모님들은 노크도 안하고, 문을 못 잠그게 한다. 이 책을 읽으시는 분들도 40대를 기준으로 나뉠 것이다. 나이 많으신 분들은 '그럴 수도 있지'라고 생각하고, 젊은 세대는 '도대체 이해가 안 간다'라는 반응이다. 이것은 '전통 한국적'이지도, '서양적'이지도 않다. 그냥 1950년대 이후에 생긴 현대 한국에 유행하는 아주 이상한 모습이다. 왜 그런지를 보자.

서양은 노크 문화가 발달했다. 이는 주로 유럽 대륙의 특징에서 기인한다. 지정학적으로 유럽은 대륙의 크기에 비해 민족 수가 다양하다. 이웃 민족과의 갈등과 침략이 비일비재했다. 그러니 이들은 누군가에게 호의를 표현할 때, 내 오른손에 무기가 없음을 보여줘야 한다. 이것은 두 가지 효과적인 방법으로 증명된다. 첫 번째는, 손을 들어 손바닥을 흔들어 보이는 것이고, 두 번째는 서로 오른손끼리 맞잡는 것이다.

이들에겐 서로의 공간적 거리를 좁히고 비 공격성을 보이는 게 아주 중요하다. 이것은 노크 문화로 이어진다. 누군가의 공간에 들어가기 전에, 명확한 의사표시를 먼저 한다. '나는 당신의 공간에 들어가려 한다. 공격성이 없으니 들어가도 되겠는가?' 서로의 명확한 의사 표시가 서로에 대한 예의인 문화에서는 빠른 동의와 거절을 할 수 있다. 그러니 노크가 편하다. 노크하면 바로 답변하면 되기 때문이다.

반면, 여러분들의 시아버지가, 장인어른이 여러분의 방을 똑똑 노크하면 어떨까? 나도 모르게, 옷을 허겁지겁 입고, 물건들을 대충 치우고, 머리를 다시 빗고 등등 해야 할 일이 많을 것이다. 여기서 거절할 수 있을까? '시아버님, 지금 너무 갑작스러우니 10분 뒤에 다시 방문해주시겠습니까?' 쉽지 않다… 그럼 우리 선조들은 어떻게 했을까?

조선 시대에선, 아들 내외가 결혼하면 별채를 준다. 당연히 양반 기준이다. 그 앞마당을, 시아버지가 지나가면서 '엣헴~!' 하고 헛기침한다. 그럼 며느리는 선택하면 된다. '어? 시아버님이 무슨 일이시지? 지금 아이 젖 먹이고 있어서 못 나가는데….' 그러면 조용히 못 들은 척하면 된다. 시아버님도 덜 민망하다. '며늘아기가 바쁜가 보구만 좀 이따 와야지. 어유 목이 칼칼하네! 에헴~!' 하면서 나중에 다시 오면 된다.

만약, 너무 급하다면? '엣헴~!' 한 번 더 해준다. 그러면, 며느리는 '어? 많이 급하신가 본데? 나가봐야지.' 하고 주섬주섬 옷매무새 다듬은 다음에 나오면서 "어머 아버님! 언제 와 계셨어요?" 하면서 몰랐다는 듯이 나오면 된다. 그러면 시아버지도 "아 지나가던 길이었는데 마침 잘됐구나! 할 말이 있단다!" 이렇게 하는 거다. 그럼 며느리도, 사적인 공간이 지켜지고, 거절할 여유가 생기고, 시아버님도 체면이 상하지 않는 상황이 되는 것이다. 우리는 '노크 문화' 대신 '헛기침 문화'가 발달한 것이다. 심리적 거리가 너무 가까워 서로의 거절할 여유를 배려한다. 오히려, 심리적 거리를 두는 것이다. 사실 노크도 우리 선조들 기준으로는 너무 무례한 행위다.

　이런 전통적인 롤플레이가 너무 복잡하다는 생각이 들 수도 있다. 현대인의 관점에선 너무 번거로워 보이기도 한다. 하지만, 이 동아시아 문화권은 서로의 심리적 거리가 너무너무 가깝다. 우리 선조들은 이를 알고 있었기에, 서로에 대한 존중을 표현하는 것이 인사에 묻어 있다. 우린 허리를 숙여 인사한다. 허리 숙여 인사하려면 서로서로 거리를 벌려야 한다. 그래야 머리를 안 박으니까! 이 거리를 벌려주는 것이야말로 서로에 대한 '존중'이라는 인식이 있는 것이다. 회식 1차에서 돈 내고 먼저 일어나는 부장님 생각하면, 그 배려심에 우리가 얼마

나 감사함을 느끼는지를 생각해보면 이해가 쉽다.

　자, 이제 현재 우리의 가족 문화에서 심리적 무례함이 얼마나 일상적인지 실감했으리라 생각한다. 조상님들 기준에는 노크하는 것도 너무 사적 공간을 침투한다고 생각한다. 그런데, 현재 한국의 부모님들은 노크조차 하지 않고, 문 잠근다고 나무라기까지 한다. 이런 환경에서 큰 젊은 세대들이 남들을 배려하고 자신의 심리적 공간을 존중하는 감각을 잘 배웠을 리가 없다. 오히려 30대가 지나도 엄마 아빠 집에서 치덕치덕 지내면서 '나 정도면 효자, 효녀'라고 착각하고 산다. 그리고, 부모님과 '친구 같다'라는 것이 무조건 좋은 것인 것처럼 사회적 분위기가 형성되기도 한다.

　우리 한국의 가족 문화는 심리적 거리가 너무 가깝다. 이건 사이가 좋다 나쁘다와 별개의 문제다. 사이가 좋아도 심리적 거리를 충분히 벌릴 수 있고, 사이가 나빠도 서로 거리가 너무 가까워 서로 간섭하고 감시할 수 있는 것이다. 우리는 부모와 자녀가 서로의 공간에 '노크조차 안 하는' 문화가 되어버렸다. 전통의 한국 문화로도 근본이 없고, 서양 문화에서도 매너가 없다. 우리가 처해 있는 현실이다.

　꼭 부모님만의 문제는 아니다. 젊은 세대도 같이 바꿔나가야 한다. 받아들이기 힘들고 불편할 수 있다. 하지만, 불편하다는 이유로 외면하기는 이제 너무 많이 왔다. 통계 데이터들도 우리에게 팩폭[3]을 쏟아붓고 있기 때문이다. 그래서 우리의 1단계는 인정해야 바뀌는 것들에 관한 이야기가 될 것이다. 다소 불편한 이야기일 수도 있다. 하지만, 반드시 짚고 넘어가야만 하는 이야기들이다.

내가 너무 당연하게 생각했던, 잘못된 가족 문화는 무엇이 있을까?

---

3) 팩폭: '팩트 폭력'의 줄임말. 사실만을 나열하여 다른 사람에게 충격을 준다는 의미

3

우리 가족은 사이좋다고?:
가짜 독립이 위험한 이유

이 책을 집어 들고 나면 주변 사람 중에 이렇게 말하는 사람들이 보이기 시작할 것이다.

'나는 부모님이랑 사이도 좋고, 근데 내가 돈 벌고. 난 독립 다 되어 있는데?'

'난 정서적으로 독립된 사람이네? 성숙한 성인이네?'

'난 부모님이랑 사이 안 좋아. 난 지긋지긋해. 정서적 독립 진작 했지!'

여자친구가 상담 신청을 해서 거의 끌려오다시피 한 A라는 남자친구분이 있었다. A 씨의 부모님이 결혼을 반대해서 고민이 있어 우리 센터에 코치님한테 상담 신청하게 된 것이었다. 하지만, 상담 경로만 봐도 관계의 역학 관계가 훤히 보이는 게 있다. A 씨 본인이 신청하지 않고 여자친구가 신청했다는 것은 A 씨는 이 문제에 대해 본인이 나설 생각이 없는 것이다.

A 씨는 사전 상담 조사에서도 비협조적이었으며, 본인 스스로를 정서적 독립이 완료된, 완전무결한 사람이라고 주장하는 듯했다. A 씨의 부모님은 우리 집안이 돈이 많은데, 쟤네가 수준이 안 맞지 않느냐라며 반대하시는 상황이었고, 여기에 대해 A 씨는 단 한 마디의 반박도 하지 못하는 관계였다. 하지만, 본인은 이 관계에 만족하며 결혼을 안 해도 만족한다고 말하면서도, 상담 내내 다리를 떨고 손톱을 물어뜯는 등의 말과 반응이 일치하지 않는 모습을 보였다. 이 분은 본인이 온몸으로 독립된 사람이라고 주장하는 전형적인 가짜 독립 케이스였다.

독립은 위에서 언급한 것처럼 사이가 좋고 나쁘고를 뜻하는 말이 아니다. 정신 승리한다고 독립이 완료되는 것이 아니다. 정서적 독립은 부모님의 영향력으로부터 정서적으로 자유로운 상태다. 그게 긍정적 영향력이든 부정적 영향력이든 말이다. 그래서 정서적 독립(또는 여기서는 심리적 독립으로도 말할 수 있다)을 심리학적으로 크게 2가지로 나눈다. 하나는 애착으로부터의 독립, 하나는 갈등으로부터의 독립이다. 애착으로부터의 독립은 다음과 같은 질문을 해보면 알 수 있다.

나에게 부모님은 세상에서 가장 중요한 사람이다.

나는 부모님의 반응에 너무 많은 신경을 쓴다.

나는 집에 있을 때, 대부분의 시간을 부모님과 보낸다.

나는 부모님이 인정해줄 것인지에 따라 할 일이 갈리는 편이다.

여기에 "아니오."라는 답변이 모두 달리면 애착으로부터의 독립은
어느 정도 되어 있는 상태다. 부모님과 심리적으로 멀어지는 것에 대
한 공포에는 시달리지 않는다. 하지만, 반대로 부정적인 영향력으로부
터 자유로운 것도 중요하다. 이것을 갈등으로부터의 독립이라고 한다.

나는 부모님과 항상 불화 상태에 있는 것 같다.

나는 부모님의 기분이 상하지 않게 조심해야 한다.

나는 부모님께 내키지 않지만 어떤 의무감을 느낀다.

나는 부모님이 나에게 무엇을 하라고 말하면 때때로 기분이 나쁘다.

나는 부모님을 더 신뢰할 수 있길 바란다.

여기에 모두 "아니오."라는 답변이 달리면 갈등으로부터의 독립도
진행된 상태라는 걸 알 수 있다. 부모님의 부정적 영향력으로부터 자
유로운 상태다. 위 질문들은 'Hoffman'이라는 심리학자가 1984년에

왜 당신은 부모를 위한 결혼을 하는가

개발한 심리적 독립 척도를 우리나라 버전으로 재구성한 항목들이다. 이 항목들은 국내 심리학, 사회학 저널에 종종 인용된다. 위에서 언급한, 애착과 갈등, 모순적인 것 같으면서도 양가적인 감정 모두 독립을 저해하는 감정들이다.

우리는 이것이 익숙지 않다. 그럴 수밖에 없다. 현재 21세기, 젊은 세대는 많이 나아졌다고는 하지만 여전히 정서적 독립을 한 건강한 부모 자식 관계가 어떤 건지 감을 잡기가 어렵다. 한국 드라마, 다큐, 영화들은 여전히, 가족 간의 애잔함을 모티브로 하고, 우린 이걸 '정감 넘친다.', '사람 냄새 난다.'라고 여긴다.

〈해운대〉, 〈괴물〉, 〈부산행〉, 〈태극기 휘날리며〉 등등 위기에서 가족들을 구해내는 이야기는 많지만, 풍요로운 사회에서 가족의 행복을 건강하게 유지하는 모습은 보기 힘들다. 물론, 이게 잘못되었다는 말이 아니다. 우리 부모님 세대, 조부모님 세대의 정서를 담아내기엔 눈물 어린 신파만큼 적절한 수단이 없다. 하지만, 이제는 우리가 물질적으로 풍요로워진 만큼, 반대로, 새로운 시대 흐름에 걸맞은, 건강하고 행복한 담담한 가족을 그려낼 법도 하다. 하지만, 인기가 없고, 더더욱 이걸 다루는 것은 매력이 없다. 그래서 정서적으로 독립된 건강한 가족이라는 것을 눈으로 볼만한 본보기가 없다.

인간은 보면서 학습하는 속도가 어마어마하다. "백문이 불여일견"

이라고 논리적으로 쪼개는 것보다 한 번 보여주면 금방 배운다. 하지만, 우리 문화엔 그런 건강한 가족 샘플이 모자라다. 그래서, 이 책이 여러분들한테 건강한 샘플이 되고자 한다. 그런 의미에서 우선, 가짜 샘플을 가려내자. 가짜 독립을 진정한 독립이라고 주장하고 사는 사람들이 너무나 많다.

　대표적인 가짜 독립 첫 번째는 번듯한 직장에 취직해서 사는 것이 '인생의 목표 전부'였던 사람들이다. 그런데, 이게 부모님이 만족할 만한 직장이었던 케이스다. 이 가짜 독립자들은 어느 순간, 누군가가 이 직장을 깎아내리거나, 부모님, 주변 사람들, 소개팅 상대들이 이 직장을 인정하지 않기 시작하면 급격히 이 직장에 대한 매력을 잃는다. 애초에, 이 가짜 독립자들이 스스로 모든 걸 잘해왔던 이유는 따로 있기 때문이다. 부모님께 인정받기 위해서가 동기 부여의 큰 한 축이었던 것이다.

　상담에서 관찰한, 결혼 반대를 겪는 많은 남자분들은 정말 멋있는 직장을 다니고, 인간적으로도 멋있는 분들이었다. 마마보이처럼 찌질한 사람들이 오지 않는다. 보통의 고정관념과는 반대다. 그러면, 이분들이 왜 부모님이 반대한다는 이유로 결혼을 못할까? 바로, 부모로부터 인정받을 수 있다는 게 30여 년에 걸쳐 보장되었기 때문에 여친과의 관계에 대한 성실성, 책임감 모두 동기가 부여되었던 것이다. 그런데, 부모님과 처음으로 취향이 갈리고, 이해타산이 갈리는 게 바로 결혼이라는 사건이다. 부모님과 남자, 여자 취향은 도저히 같을 수가 없다. 그래서 이 책에서, 여러분의 주체적인 삶은 연애와 결혼으로부터 찾을 수 있다고 반복적으로 말하는 이유도 여기에 있다. 절대 남과 타협할 수 없는 것, 그건 내가 누군가를 사랑하는 마음이다. 여기엔 논리적 설득이 사실 들어갈 수도 없고 들어가면 안 되는 것이다.

가짜 독립 두 번째는, 반대로 부모님이랑 맨날 싸우는 경우다. 부모

님이랑 사이가 안 좋다고 독립이 되어 있는 게 아니다. 정서적 독립과 친밀도는 큰 상관이 없다. 독립은 주체성의 영역이고 행복의 주도권이 나에게 있냐를 판단해야 하는 개념이다. 엄마가 하지 말란 진로를 가거나, 부모님이 만나지 말라는 사람을 만날 때를 생각해보자. 자주 싸우고 스트레스받는다면 이건 가짜 독립이다. 부모님의 기대로부터 여전히 자유롭지 못한 상태다. 말은 "내 인생인데! 내 맘대로 해야지! 엄마가 뭔데!"라고 말한다. 하지만, 실제로는 안정적인 정서를 스스로 유지하는 능력이 부족하고, 부모님이 인정해줘야만 해결되는 상태이기 때문이다. 이 상태에서는 결혼 반대 문제, 정서적 독립 문제를 풀어나갈 수 없다.

가짜 독립 세 번째는, 부모님과의 마찰을 회피하면서 애써 괜찮은 척하는 경우다. 이 상황을 해결하지 못하는 본인의 상태를 어떻게든 합리화하는 상태다. 예를 들면, 부모님과 마찰이 생기기 전에는 '반대하셔도 내가 한다면 하는 거지'라고 생각한다. 하지만, 막상 인사를 시키려고 하니, 부모님이 갑자기 난리를 친다. 이때, 속으로 '내가 불안한 거 보니 쟤가 내 결혼 상대로 모자란 게 있긴 한가 봐.'라고 합리화하는 모습을 보인다는 것이다. 실제로, 이런 케이스인 분들을 보면 마치 태세 전환하듯이 감정이 오락가락한다. 애인한테, "내가 대신 미안하다"라고 하고 또 돌아서면 "네가 우리 엄마한테 못 맞춰준 게 잘못

이야"라고 하게 된다. 이런 오락가락하는 남친 또는 여친을 보면서, 결혼할 상대방은 같이 미쳐가는 것이다.

한국 문화에서 이 가짜 독립의 위험성은 우리 세대에게 더 무겁게 다가온다. 한국의 '효' 문화, '착한 아들', '착한 딸' 문화가 너무나 훌륭한 속임수가 되기 때문이다. 나처럼 사람 심리와 개인의 주체성에 미친 별종이 아니면, 정서적 독립이라는 이 개념이 정말 이해하기 어렵다. 나 또한, 주변 사람들을 단 한 번에 이해시키는 것은 어려워서, 여전히 종종 실패한다. 그래서 위 3가지 반례를 통해 역으로 감을 잡아가는 것이 도움이 된다.

💍 감히 신성 유교 국가에서 '효자병'이라니!

"대한민국은 치열한 도덕적 쟁탈전이 벌어지는 거대한 투기장이다."라는 말을 들어본 적 있을 것이다. 그만큼 도덕성에 대한 공격은 한국인에게 아주 민감한 욕이다. 그래서, '나쁜 놈'이라는 말에 해당하는 욕이 많다. 나쁜 놈의 종류도 많다. 돈 많으면 '돈에 미친 놈', 학벌이 좋으면 '재수 없는 놈', 돈이 없으면 '거지 마인드 가진 놈', 학벌이 좋지 않으면 '못 배운 놈'이다. 요즘엔 SNS가 발달하면서 '선동당한 놈'

도 엄청난 욕이 됐다.

여기에 요즘은 많이 나아졌다곤 하지만, 여전히 듣기 싫은 욕은 '부모 속도 모르는 철없는 놈'이다. 부모 욕이 신성 유교 국가에서 가장 큰 욕임을 고려한다면, 젊은 남녀의 마음을 후벼팔 수 있는 가장 효과적인 욕일지도 모르겠다. 요즘 자녀 세대는, 치열한 경쟁 사회에서 유년 시절을 보내면서 남들로부터의 인정 욕구에 취약해진 측면이 있다. 그러니, '부모 마음도 모르는 불효자식'이라는 말은 너무 견디기 힘든 말이다. 그래서, 자발적 효자, 효녀가 되려고, 인정받으려고 자신의 성격을 부모님의 요구에 훌륭하게 적응한 경우가 많다. 이들에겐 이 책을 쓰는 저자인 나도 '못된 놈'이다. 우리 부모님 부족한 점을 비판하니까! 이만큼 무의식에 박힌 관념이란 건 무섭다.

나도 한때는 부모님의 기대에 부응하려고 정말 많이 노력했다. 친구들 뛰어놀 때, 조금이라도 더 공부하고, 놀고 싶은데 엄마가 싫어할까 봐 뛰어나가려는 다리를 스스로 붙잡고 서서 친구들을 지켜본 적도 많다. 고등학생 때는 졸지 않으려고 손등에 칼을 그어가며 공부한 덕에 의대도 들어갔지만, 언젠가 겪어야 할 일은 오는 법이다. 결혼 반대를 겪고 나서야, 난 내가 부모님의 기대를 충족해야 한다는 압박감을 느끼는 '효자병'에 걸렸다는 걸 알게 되었다. 그걸 심리학적으로 있어 보이는 말로, '착한 아이 콤플렉스'라고 한다. 여기서 아이는 50세가 넘을 수도, 70세가 넘을 수도 있다.

⚭ 착한 아이 콤플렉스

우리는 누군가에게서 '착하다'라는 평가를 받는 게 자신을 평가하는 유일한 척도가 되는 인생에서 벗어나야 비로소 성인이 된다. 그래서 정신적 성인은 현대 사회에서 20세에 딱 맞춰 되는 것이 오히려 기적에 가까우며, 50세, 70세가 되어도 성인으로서 모습을 보여주지 못하는 사람들을 많이 볼 수 있다. 끊임없이 누군가에게 인정받아야 안정이 되고 그렇지 못하면 분노하고 남 탓할 거리를 찾는 인생은 그야말로 살아 있는 지옥이다. 이 책을 읽은 여러분들은 이 살아 있는 지옥에서 탈출할 수 있을 것이다. 여러분들이 원하는 사람과 결혼하고, 여러분들이 원하는 도전을 해도, 부모님과 싸울 필요가 없으며, 더 성숙한 대처를 할 수 있다. 관계에서 자유로워지는 것, 그것의 시작은 부모님으로부터 자유로워지는 것이다.

💍 창피한 일이 아니다. 모르는 게 창피한 것이다

부모님과 갈등은 모자란 사람이 겪는 게 아니다. 의사, 변호사, 회계사, 삼성, 유니콘 기업의 직원들이 나의 수강 회원들인 것만 봐도 그렇다. 막상 만나보면, 성격적으로도 정말 멋있는 사람들이다. 자신의 부족한 점을 인정하는 용기에서 이미 크게 될 사람이란 걸 느낄 수 있다. 그리고, 본인의 고집을 반복하기보단, 전문가나 고수에게 조언을 구하는 용기도 있다.

다만, 이들은 다른 관계는 잘 맺는 것 같으면서 유독 연애와 결혼에 있어서만큼은 부모님으로부터 자유롭지 못한 모습을 보일 뿐이다. 오히려 반대의 사람들을 생각해보자. 본인의 모자란 점을 절대 인정하지 않고, 전문가나 멘토의 조언을 구할 줄 모르고 깎아내리고 비아냥거릴 줄이나 아는 사람들이 어떻게 정서적으로 독립적인 성인의 자세를 터득했다고 할 수 있을까. 혹여나 여러분들의 도전을 바보 같다고 말하는 사람이 있다면 무시해라. 그의 인생은 그 정도 수준인 것이다.

한 수강 회원은, 커리큘럼이 마무리되고 나서, 이제야 '진짜 남자'가 된 것 같다고 했다. 진짜 남자는 허세를 부리지 않는다. 끊임없이 성장한다. 여자도 마찬가지다. 자신의 부족한 점을 돌아볼 줄 알고, 부모님께도 내가 어린아이 같은 구석이 있다는 사실을 받아들이고 개선해 나가는 모습, 그게 진짜 어른의 모습이다. 그러니까 결국, 정서적 독립이 안 되어 있다고 너무 창피해하지 말고, 오히려 배짱 있게 인정하고 겸손하게 성숙해나가는 모습이 훨씬 멋있다는 말이다. 자신의 부족한 점을 인정하고 받아들일 준비가 되어 있는 사람 만나기 정말 힘들다는 것을 다들 아실 것이다. 정말 멋있다. 여러분들도 멋있게 성장할 수 있다고 믿는다.

질문

그동안 모른 척했던 나의 미숙함은 무엇이 있을까?

4

세상에서 가장 무거운 것: 부모님의 기대

이제 여러분은 첫 번째 문을 열기 위해 반쯤 왔다. 이젠 정서적 독립이 어떤 것인지 감이 대충 잡혀갈 것이다. 그럼 이쯤에서 궁금해진다. 정서적 독립을 하려면 그러면 뭐부터 해나가야 하는 걸까? 대뜸 부모님이 반대하는 사람과 결혼할 거라고 시위해야 하는 걸까? 엄마 또는 아빠가 탐탁지 않아 하는 진로로 도전하겠다고 통보해야 하나? 이 추상적이지만 내 삶에 가장 근본적인 것을 실천하려면 무엇부터 하는 게 좋을까?

👁 나를 설명한다는 것

스스로 질문을 한번 던져보자. 지금 나 자신을 스스로 소개한다면 뭐라고 소개할까? 한국인이라면 이름과 20대라면 다니는 학교, 30대라면 다니는 직장을 보통 말한다. 이것을 있어 보이는 말로 '자아상'이라고 한다. 내가 스스로를 인식하는 '존재의 모습'이라는 뜻이다. 분석 심리학에서는 자기(self)라고도 한다. 이것이 관계에서 나타나는 역할상이면 페르소나(Persona)라고 한다. 그런데, 한국인은 스스로를 인식할 때, 학벌과 직장이 대단히 중요한 부분을 차지한다. 때문에, 스스로를 소개할 때, 학교, 전공, 하는 일을 빼놓고는 소개하기가 대단히 힘들다. 실제로, 내가 관계 주체성 커리큘럼을 진행해보면 '나를 설명하는 질문'을 다들 가장 힘들어한다.

나도 나 스스로를 소개할 때, 의사 일을 할 때는 소개하기 너무 편했다. '저 이름은 이주호이고, 한양의대 나왔고, ○○ 병원에서 인턴으로 일하고 있어요.' 그러면 사람들이 나에 대한 파악을 아주 빨리 해낸다. 그리고 심지어 그것이 나 스스로에 대해서 알고 있는 것과 대략 비슷했다. 하지만, 내가 부모님의 기대에서 벗어나고 사람들의 기대로부터 자유로워지는 삶을 살면서 소개하기가 어려워졌다. '심리교육, 그리고, 상담하는 일을 하고 있습니다.', '아 전통적인 일반 심리상담사는 아니구요. 주체성 멘탈 트레이닝 커리큘럼을 만들어 운영하고 있습니다. 라이프 코칭이에요~', '아, 의사 일은 현재 안 하고 있어요.', '아니, 결혼 반대와 정서적 독립을 봐 드리고 있어요.' 나를 설명하려면, 너무나 많은 문장과 의문에 나를 대응시켜야 한다. 나만의 길을 간다고 하는 것은 사람들의 예상을 깨는 일이기도 하다. 나 자신을 설명할 수 있는 문장을 남에게서 얻을 수 없다는 것이기도 하다.

여러분이 여러분 스스로를 소개했을 때, 남들이 너무 쉽게 이해해버리진 않는가? 여러분과 같은 학과, 같은 부서에 취직한 다른 사람들과 여러분을 구분할 때, 다른 존재라는 것을 설명하기에 힘들진 않은가? 만약 그렇다면 여러분은 남들의 기대에 맞는 자아상을 가지고 있다고 볼 수 있다. 여러분들이 남들에게 스스로를 소개할 때 설명하기에 복잡한 인생을 만들어라. 남들이 여러분의 소개를 듣고 '아~' 하기보단 '오…?' 하게 만들어라. 이것이 중요한 이유는 타인의 기대로부터 자유로워지기 위해서다.

♂ 타인의 기대

이런 상상 한번 해본 적 있는가? '남들이 나한테 어떤 개소리를 하고 다녀도 신경이 쓰이지 않는 인생', '사람들이 아무리 나를 깎아내리려고 발버둥 쳐도 편안한 인생' 상상만 해도 너무 자유롭지 않은가? 나는 이런 상상을 한 번씩 해보곤 한다. 내가 타인의 비난에 쪼그라드는 것 같을 때, 특히 엄마 아빠의 한숨에 어깨가 축 처질 때, 날 전적으로 응원하는 여친을 두고도 도전하지 못하고 쫄고 있을 때, 교수님들의 한마디에 너무 억울하고 분할 땐 이런 생각이 들곤 했다. '나는 왜 이렇게 남들의 시선에서 자유롭지 못할까?'

우리가 살아가면서 받는 스트레스 대부분은 사실상 '타인의 기대로부터 자유롭지 못한 것들'에서 온다. 상사의 비난, 부모님의 압박, 친구들의 멸시, 이성 관계의 이별 등등. 여기서, 나의 존재 자체가 문제인 것들은 없다. 모두 타인의 기대에 내가 적절하게 대응하지 못했을 때 문제가 생긴다. 상사의 비난? 생각해보면 상사의 기대치일 뿐이다. 하지만, 우리는 왜 그런지 모르겠는데, 자꾸 그 기대에 부응하려는 심리적 타성을 갖는다. '저 상사가 유난스러운 거야'라고 생각하며 넘겨도, 그 기대에 잘 부응하는 동료들을 보면 또 다양한 감정을 느낀다.

인간은 기본적으로 타인의 기대를 의식할 수 있게 진화했다. 하지만, 그렇기에 이 복잡다단한 현대 사회에서 중심을 지키고, 내 주체성을 가지고 살려면, 이 타인의 기대를 어떻게 소화해내야 하는지 치밀하게 연습하고 고민하지 않으면 안 된다. 그렇지 않으면, 위에서 언급했던 것처럼, 타인의 기대들이 모여 나의 정체성이 되어버린다. 그리고, 나도 모르게 남들이 원하는 방식으로 나 자신을 소개하는 인생을 살게 된다.

♂ 부모님의 기대: 세상에서 가장 무거운 것

타인의 기대로부터 자유로워지려면 항상 기본은 부모님으로부터 출발해야 한다. 여러분이 부모님과 친하든 친하지 않든 상관없다. 정서적 독립이 되어 있다고 스스로 자부하는 분들도 이 과정을 다시 한 번 점검해보면 좋겠다. '나는 진정으로 부모님의 기대로부터 자유로운 가?'를 더 치열하게 자기 자신에게 물어봐라. 자신 있게 '당연하지.'라고 대답이 나온다면 한 번만 더 물어봐라. 부모님으로부터 한심한 자식이라는 눈빛을 받아도 진짜 자신 있게 살 수 있는가? 아니면 애써 괜찮은 척하는 것인가?

아들러의 심리학을 담은 『미움받을 용기』라는 책이 최근에 꽤 오래 베스트셀러에 있었다. 이 책이 아들러의 사상을 잘 담은 것 맞냐에 대해서는 왈가왈부하는 의견들이 많다. 하지만, 이 책이 한국에서 꽤 오래 베스트셀러를 한 것에는 이유가 있다고 생각한다. 그만큼 한국 사람들이 미움받지 않으려는 인생에 지쳐서 그런 것이 아닐까 한다.

아들러에 따르면, 미움받을 용기를 내지 않으면 다른 사람들과의 관계에서 자유로울 수가 없다. 그렇다면 그 시작과 끝은 결국 부모님과의 관계다. 부모님과의 관계가 시작이자 반 이상이다. 왜냐하면, 모든 인간은 양육자로부터 인간의 관계를 배우고, 페르소나를 배우고, 남녀 역할극에 대해서 배운다. 양육자가 부모님이 아니어도 괜찮다. 내 머릿속에 부모님이란 존재는 누가 해당하는지 떠올리고 그분과의 관계의식에 대해서 생각해보면 된다. 이렇게 관계의 근본이 되는 부모님과의 관계를 재정립해야 성인으로서 맺는 관계가 성인다워진다. 그래야만 타인의 기대로부터 자유로운 성인이 된다.

나는 어렸을 때, 부모님께 미움받지 않으려고 노력했었다. 나는 부모님의 가치관과 철학 속에서 훌륭한 아들이 되려고 노력했고, 그 과정에서 오늘의 나를 있게 한 원동력이 나왔다. 부모님께 최고로 인정받을 수 있는 것은 공부 잘해서 의대 가는 것이었다. 어릴 때는 칭찬받으려 공부했지만, 중고등학교 시절을 지나면서는 단순 칭찬이 목적이 아니게 되었다. 공부 못하는 나 스스로를 용납할 수 없었다. 그게 성장이라 생각했고, 그게 삶의 동력이자 잘 산다고 말할 수 있는 하나의 길이라고 생각했다.

하지만, 어느 날 이게 내가 원하는 길 전부가 아니었을 수 있겠다는 생각이 드는 순간이 왔다. 그 혼란스러움과 허무감, 무기력감은 이루 말할 수가 없다. 하지만 참 아이러니하게도, 그 혼란이 오히려 내 길을 찾아갈 수 있다는 신호탄이었다. 그리고. 부모님의 기대에서 자유로워져서 내 살길을 내가 개척해 나가는 시작점이었다. 내가 내 살길을 찾은 후에, 엄마가 나에게 이렇게 질문하신 적이 있다.

"내가 무릎 꿇고 빌면 의사 일 다시 해줄래?"

비문이다. 말이 안 된다는 것을 알지만, 옛날의 나였다면 속이 문드러졌을 것이다. 대체 자식의 행복보다 돈과 명예가 그렇게 중요한 것일까. 아니면 내가 철이 없는 걸까 되뇌면서 혼란과 자학과 원망을 오갔을 것이다. 결국 반항심과 원망에 차서 난 내 갈 길 갈 거라고 난리 치고 싸웠을지 모른다. 하지만, 부모님의 기대로부터 자유로워진 나는, 그런 엄마가 밉지도, 슬프지도 않았다.

'엄마…. 지금은 모르겠지만, 나중에 지나고 보면 우리 아들 현명했다는 것을 알게 될 거예요!'

기대로부터 자유로워지면 슬프지 않다. 편안하다. 나의 길이 보이고 멀리 볼 여유가 생긴다. 그리고, 형용할 수 없는 단단함과 강력함이 내 안에 있다는 것을 알게 된다. 그 과정을 앞으로 여러분이 같이 하게 될 것이다.

질문

나도 모르게 부모님의 기대를 충족하려고 했던 것은 무엇이 있을까?

5

마마걸과 마마보이가
서로 끌리는 이유

사실 현 2030 사이에선 고리타분한 부모님과의 관계보단 남녀 관계가 훨씬 재밌다. 그래서 다음과 같이 생각하는 사람들도 꽤 있다.

'부모님으로부터 독립을 하든 말든 연애하고 돈이나 잘 벌면 뭔 상관이지.'

미안하지만, 바로 그 연애가 부모님으로부터 아주아주 영향을 많이 받는다. 나의 개인적인 생각이 아니라, 프로이트의 정신분석학, 융의 분석심리학, 아들러의 개인심리학에서 늘 등장하는 주제다. 현대에서도 부모님과의 관계와 나의 건강한 연애의 관계성은 아주 중요한 상관관계를 가진다.

대표적으로 미국의 정신과 의사 'Murray Bowen'은 가족의 체계치료를 개발한 'family therapy'의 선구자다. 여기서도 부모의 자아 분

왜 당신은 부모를 위한 결혼을 하는가

화도가 자녀에게 영향을 미친다는 중요한 이론이 나온다. 무슨 얘긴지 모르겠으면 일단 넘기자. 이 책은 전문 서적도, 심리학에 관해 공부하는 책도 아니다. 우린 일상에 써먹으려고 하는 것이다. 우리 주변에서부터 차근차근 파헤쳐보자.

⚬ 마마보이래요~

이 책을 집어 들면서 남자친구에게 선물해주려는 분들이 있을 것이다. 반대로, 여자친구에게 선물해주는 사람도 있을 것이다. 하지만, 그 전에, 본인도 이 파트를 꼭 읽어봤으면 한다. 왜냐하면, 마마보이를 만나는 당신! "너 정서적 독립 해야 한대!"라고 말하는 당신! 당신이라고 마마걸이 아니라고 장담할 수가 없기 때문이다. 남자들도 마찬가지다. 이게 대체 무슨 망측한 말일까?

칼 융(Karl Gustav Jung)의 분석심리학에서는 남녀 간의 관계를 사회적 페르소나로서 남성성과 여성성으로 소개한다. 아 물론, 이 책에서 분석심리학에 대해서 심오하게 공부할 것은 아니다. 그건 나보다 훌륭한 심리학자, 정신과 전문의 분들이 쓰신 책이 많으니 그쪽을 참고하는 것이 좋다. (궁금하면 이부영 교수님의 『아니마와 아니무스』를

읽어보길 바란다. 쉽지 않은 책이다)

이 남성성의 페르소나와 여성성의 페르소나에서 중요한 점은 서로 상보적이라는 것이다. 나 혼자 헬스 열심히 한다고 남성성이 올라가는 것이 아니고, 내가 화장 열심히 한다고 여성성이 올라가는 것이 아니다. 이 사람 앞에서 어떤 역할을 맡느냐에 따라 남성성의 페르소나를 착용할 수도 있고, 그러면 자연스럽게 상대방의 역할상도 여성성으로 유도된다. 반대로, 남성이지만, 여성성의 페르소나를 착용할 수도 있고 그러면 여자의 역할상은 남성성으로 유도된다. 만약 이 역할상이 맞지 않으면, 연애라는 롤플레이를 이어갈 수 없다. 그러니, 연애를 지속하고 있다면 서로 역할상이 어느 정도 맞는 것이다.

여기서 중요한 점은, 미성숙한 남성성은 미성숙한 여성성을 끌고 온다. 미성숙한 여성성은 미성숙한 남성성을 끌고 온다. 정확히는 미성숙한 남성은 자신 무의식에 있는 미성숙한 아니마(무의식의 여성성)에 걸맞은 여성에게 매력을 느끼고 미성숙한 여성은 자신 무의식에 있는 미성숙한 아니무스(무의식의 남성성)에 걸맞은 남성에게 매력을 느낀다. 이것을 4글자로 '유유상종'이라고 한다.

내 수강생 회원 중에는 남자친구의 부모님이 반대하는 것인데 오히려 본인이 주체성 트레이닝 수강을 듣는 분들도 있다. 반대로, 여자친구의 부모님이 반대하는 것인데 남자친구가 듣는 분들도 있다. 이분들은 왜 당사자가 교육을 듣지 않고, 본인들이 나서는 것일까? 바보인 걸까? 그렇지 않다. 바로 위에서 말한 상보적 원리 때문이다. 내가 성숙한 상을 학습하면, 거기에 맞는 성숙한 이성상이 상대에게 유도된다. 만약, 상대가 성숙한 이성상을 획득하는 데에 실패하면 자연스럽게 이 관계는 명을 다한다.

운 좋게 자식을 응원하고 지지하는 부모님을 만났지만, 그것이 여러분의 인생은 독립성 투쟁이 필요 없다는 뜻은 아니다. 투쟁 없이 과업을 통과하는 경우는 없다. 그 투쟁이 부모님과의 갈등이 아니라 나 스스로 미숙함이라는 차이가 있을 뿐 누구나 거쳐야 하는 과정이다. 그 말은, 지금 당장은 여러분들의 마마보이 남친, 마마걸 여친이 정말 아니꼬워 보이지만, 결국 그 기저에는 여러분의 무의식에 주체성이 훼손된 자아상이 서로를 끌어당기는 힘이 있었다는 뜻이다.

이걸 공자는 "누구에게나 배울 점이 있다. 세 사람이 길을 가면 반드시 내 스승이 있게 마련이다. 착한 사람한테서는 그 선함을 배우고, 악한 사람한테서는 그를 보고 자기 잘못을 반성할 수 있다."라고 하였다. 악한 사람에게서조차 배울 수 있는 것이 있다. 그런데, 자기가 사랑하는 사람이 결점이 있다는 이유로, 손 놓고 있을 필요가 없는 것이다. 자신의 애인이 마마보이, 마마걸이라고 열 받고 화난다면 미안하지만 이 말을 꼭 기억하라. 그래 봤자 끼리끼리다. 유유상종을 역이용해 내가 급을 먼저 높이자.

○ 마마보이, 마마걸이랑 헤어지면 안 되나요?

앞서 말했듯이 이들의 결점은 곧 내 숨겨진 결점의 거울이다. 그런데, 이 사실을 받아들이기란 정말 쉽지 않다.

"정말정말 운 나쁘게, 저는 완벽한데 별로인 사람이 걸릴 수도 있지 않나요?"

확률은 정말 낮다고 생각하지만, 이미 말했듯이, 만약 그 사람과 내가 급이 다르다면 인연은 자연스레 멀어진다. 내가 밀어내지 않아도 급이 두 단계 이상 차이가 나버리면, 일단 대화가 안 된다. 나의 행동과 나의 감정과 나의 생각을 이해하는 데에 너무 많은 레벨을 늘 뛰어넘어 생각해야 해서 만남에 있어서 편안함과 공감이라는 감정을 잘 못 느낀다. 밀어낼 필요도 없이 자연스레 멀어진다.

여러분이 정서적으로 성숙함의 레벨이 오르고 오르다 보면 자연스레 거르는 눈이 생기고, 그땐 나한테 질문할 필요도 없어진다. 내가 만나라고 아무리 해도 만나지 않을 때가 온다. 그러니, 애증으로 싸우고 있는 남친, 여친이라면, 둘은 그나마 비슷한 면이 많은 것이니 이

참에 웬만하면 정서적 독립, 주체적인 삶 살기 프로젝트 노력을 같이 해라. 비난할 시간에 같이하는 게 본인에게 백번 이롭다.

💍 나는 노력했는데 헤어지게 되면, 쓸데없는 노력이 되는 것 아닌 가요?

상대 부모님 반대로 상담하러 오시는 분들의 제일 큰 걱정이다. '내가 노력하는 게 결국 헛짓을 하게 되는 것 아닌가?' 초반에는 이런 고민할 법하다. 아직 여러분이 해야 할 노력의 방향성에 대해서 전혀 감이 안 잡힌 상태이기 때문에 이런 고민이 드는 것이다. 이 첫 번째 문을 열기 위해선 반드시 해야 하는 고민이다.

이 책은 부모님의 반대로 여러분의 길을 나아가는 데에 어려움을 겪는 분들을 위한 책이다. 그런데, 여러분들 인생의 목표가 고작 식장 들어가는 것으로 그칠 것이라곤 생각하지 않는다. 결혼이 새로운 행복의 발판이 되길 바랄 것이다. 더 건강하고 행복한 가족 관계를 만들수 있는 시작점이길 바랄 것이다. 하지만, 이런 건강한 가족은 절대 공짜로 오지 않는다. 여러분들은 이 '건강한 가족을 꾸리기에 충분한 성숙한 나'를 만드는 데에 모든 심혈을 기울이는 것이다. 절대 결혼이 행복보다 우선순위에 올라가면 안 된다. 행복하기 위한 수단 중에 건강한 결혼이 있는 것이지, '결혼만 하면 행복할 것 같은데'와 같은 착각은 대단히 위험하다.

남자친구의 홀어머니 반대로 찾아오신 영진(가명) 씨는 남친과의 결혼만을 생각하다 엄청난 모멸감과 배신감, 무기력함에 시달렸다. 불필요하게 집안을 망하게 할 여자라는 의심을 받아야 했고, 멀쩡한 회사원이라는 직업을 비난당해야 했고, 나를 소중히 키워주신 부모님께 죄책감을 느껴야 했다. 하지만, 영진 씨는 '이런 일 따위에 상처받지 않는 나'에 대한 열망이 커졌다. 더 이상 결혼이 내 행복의 필수 수단이 되지 않았다.

그러자 여전히 남친을 사랑하는 마음은 있었고, 관계 또한 이어가고 싶은 건 이전과 같았지만, 결혼에 대한 집착을 천천히 내려놓을 수 있게 되었다. 더 이상 결혼을 인질로, 영진 씨를 협박하는 것은 불가능해졌다. 이런 영진 씨의 성숙한 모습을 깊게 관찰한 남친은, 이내 용기를 내기 시작했다. 답답한 속도였지만, 그럴 때일수록 영진 씨는 더 결혼에 집착하는 나 자신을 돌아봤다. '나는 이 남자를 사랑하는 거지, 결혼을 사랑하는 게 아니야.' 남친은 결국 어머님의 반대에도 불구하고 영진 씨와의 결혼 준비를 시작하고 이 부부 생활에 어머님이 간섭하지 않는 관계의 노력들을 해나갔다. 영진 씨는 단순히 결혼식만을 얻어낸 것이 아니라, 이 남자의 무한한 충성도 얻어냈고, 또 시어머님께 성인 대 성인의 대등한 존재로서 다가갈 수 있었다.

영진 씨의 노력이 결실을 거두는 것이 가능했던 이유는, 영진 씨는 이 남자한테 베팅한 것이 아니라, 내 주체성에 베팅했기 때문이다. 여러분도, 이 결혼할 사람만 기리고 있는 것이 아니라, 내가 주체성을 가진 인간이 되기 위해서 모자란 것들을 발전시켜 나가면 된다. 의존적으로 결혼에 집착하는 사람들과 겉으로 봤을 때 비슷해 보일 수 있지만, 결과는 천지 차이로 벌어진다. 그런 의미에서 여러분은 다음과 같은 결과도 얻을 수 있다.

💍 시댁 및 처가 간섭 방지책

사실 이 내용은 개인의 성숙이라는 그럴싸하고 고귀한 활동이라고만 치부할 것이 아니다. 미래 여러분의 생존 확률을 올려주는 게임이다. 특히 상대방 부모님의 반대 때문에 힘들어하는 분들이라면 더더욱 말이다. 요즘 장서 갈등(처가와 사위와의 갈등)이 새로운 가족 문제로 대두되고 있다는 기사를 본 적이 있을 것이다. 고부 갈등은 시대가 이렇게 지났는데도, 여전히 끊임없이 이야기들이 올라온다. 무례한 말들을 쏟아내고, 무리한 부탁들을 하고 감정 싸움을 걸어대는 행위들 말이다.

대체 왜 이런 일이 생길까? 바로, 결혼하면 알아서 어른 된다고 착각했던 사람들이 이렇게 많다는 증거다. 대학 가고, 남들 따라 취직하고, 돈 벌고, 주식하고, 연애하고, 청약한다고 어른 되는 게 아니다. 이건 어른 놀이다. 진짜 어른은, 시부모님 되실 분들, 장인어른, 장모님 되실 분들의 무리한 부탁은 정중하게 쳐내고, 미움받을 용기가 충만한 상태에서 우리 가족을 지켜내는 내공을 가진 사람을 말하는 것이다. 사실 그렇게 따지면, 우리 사회에 진짜 어른은 정말 드물긴 하다. 또다시 슬프고 무기력한 현실이 느껴지지만, 그럼에도 불구하고, 우린 해결할 수 있다.

💍 왜 내 남편, 아내가 해결 안 하고 내가 해결해야 해요?

말했지만, 문제의 본질은 '어머님이 간섭해요. 반대해요!'가 아니다. 그건 증상이다! 이렇게 생각해보자. 여러분은 코로나에 걸렸다. 열이 나고 가래 섞인 기침에 인후통도 심하다. 심한 경우 호흡곤란까지 올 것이다. 자, 여러분의 문제의 본질은 열인가? 인후통인가? 아니면 호흡곤란 자체가 병의 원인인가? 절대 아니다. 병의 원인은 면역 부족이다. COVID-19라는 바이러스를 우리의 면역 시스템이 막아내지 못하고 감염된 것이다.

자 이제 다시 본론으로 돌아가 보자. '어머님이 간섭하고 반대하는 내용'은 기침과 인후통이다. 본질은 '정서적으로 분리되지 못한 부부'이다. 상대 부모님의 간섭과 반대 문제는 본인 입장에서는 너무 억울하고 당황스럽다. 당연한 사실이다. 하지만, 본질을 파고들어 보자. 그 본질은 여러분은 그런데도 이 짝과 잘 지내고 싶다고 생각한다는 것이며, 그런데도 내가 나의 짝이 주는 고통을 소화하지 못하고 있다는 사실이다.

내가 고통스럽다면 내가 해결해야 한다. 절대 남한테 위탁하면 안 된다. 표면적인 증상이 '너희 부모님'이라 할지라도 내가 고통스러우면 내가 해결해야 한다. 이 원리를 외면한다면 여러분은 '남편'이나 '아내'에게 내 고통의 해소, 내 행복을 위탁하는 인간밖에 되지 않는다. 남편, 아내가 될 사람이 할 일은 '자기 부모님으로부터 정서적으로 분화되기'이지만, 상대 입장인 여러분은, 그런 마마보이 남편, 마마걸 아내에게 끌려다니지 않는 주체성을 키워야 한다는 것이다.

나중에 결혼하고 나서, 친구들끼리 모여서 자기 남편이나 아내 흉보는 한심한 사람을 종종 본 적이 있을 것이다. 왜 그런 사람이 되었을까? 바로, 자기 배우자에게 정서적으로 문제 해결을 위탁하는 감정 습관이 오래전부터 들어 있었던 것이고, 본인도 이걸 알아차리지 못하고 있었던 것이다. 그래서, 기껏해야 한다는 게 도덕적 우월감으로 스스로를 위로하는 것이다. 사실 이 사실은 매우 냉정한 이야기라서, 억울하고 지친 분들께 이런 사실을 적나라하게 폭로하자니 너무나 죄송스러운 마음이다.

이런 이야기를 받아들일 수 없을 만큼 마음이 너무나 많이 다쳤고 힘들다면, 위로받고 쉬는 게 방법이다. 하지만, 위로를 아무리 받아도 더 이상 나아지지 않는다면, 병원을 갈 게 아니라 헬스장을 가야 한다. 치료가 아니라 단련이 필요한 것이다. 이 책은 단련의 측면에서 말한 것이니, 본인에게 필요한 말을 적재적소에 차용해가길 바란다. 여러분들에게 이 책이 다소 단호한 어조를 유지하는 것도 그런 이유이니 오해 말길 바란다. 이 책이 힐링 에세이가 아니라 자기계발서인 이유다.

그리고 제일 중요한 마지막 당부가 있다. 제발 사랑하는 남녀가 서로에게 이 문제를 떠넘기며 원망하지 말자. 자기 부모님 문제를 애인이나 배우자한테 떠넘기는 비겁한 사람이 되지 말자. 반대로, 상대 부모님 간섭 문제에서 도덕적 우월감에 의탁해서 애인을 한심한 사람으로 바라보고, 본인은 피해자가 되길 자처하는 비겁한 사람도 되지 말

자. 어떠한 상황에서도 내 행복의 주도권은 나에게 있고 내 인생은 내가 책임져야 한다. 우린 남의 인생 대신 해결해주지 말고, 이런 상황에서도 내 행복을 찾는 법을 배우자.

우리 세대가 나이가 들었을 때, 우리 자녀 세대가 같은 고통을 받지 않고, 우리 세대를 보면서 본받을 수 있는 멋있는 세대가 되길 바랄 뿐이다. 그 주인공은 여러분들이다. 필자인 나 혼자 떠든다고 이걸 해낼 수 없다. 여러분들이 각자의 삶에서 멋있는 주체성을 보이고 행복하게 살아야 가능하다. 여러분 한 명 한 명이 정말 멋있는 사람이고 그 가능성 또한 무궁무진하다는 걸 또 한 번 알아줬으면 좋겠다. 이제 마지막 질문에 답을 하며 첫 번째 문을 열자.

질문

나는 내 인생의 고통을 연인이 해결해주길 기대하고 있진 않았을까?

당신의 첫 번째 독립문을 열기 위한 핵심 열쇠

1. 건강한 비판을 하는 능력을 기르자

- 사랑이라는 이름으로 간섭이 일어났던 것
- 한국 사회니까 무비판적으로 받아들였던 무례한 가족 문화

2. 정서적 독립에 대한 올바른 관점

- 가짜 독립 세 가지: 의젓한 사람, 싸우는 사람, 회피하는 사람

3. 부모님의 기대에서 벗어나기

- 나만의 언어로 나 자신을 설명해보자

4. 정서적 독립은 커플 남녀 둘 다의 과제다

- 각자의 처지에서 각자의 주체성을 위해 노력해라
- 결혼식이 목적이 아니라 건강한 결혼 생활이 목적이다

두 번째 문:

미움받을 용기는
이렇게 키워라

❀❀❀❀❀❀❀❀❀❀❀❀❀❀❀❀❀❀❀❀❀❀❀❀❀❀❀❀❀❀❀❀❀❀❀

"행복해지려면 미움받을 용기도 있어야 한다."

알프레드 아들러

1

끌려다니는 습관이 생기는 이유

첫 번째 문에서 주체적인 삶에 대한 관점을 고민하고 잘 넘어왔다면 이제 다음 단계에 들어갈 차례다. 이쯤 되면 이제 문제의 본질은 관계에서 끌려다니지 않는 주체성이라는 걸 잘 알 것이다. 부모님으로부터 정서적으로 독립하는 것, 결혼 문제에서 설득하는 것은 사실 주체성이 담보되어야 한다. 그러면 관계 주체성은 어떻게 생기는 걸까?

🔘 주체성이 대체 뭐에요?

"나는 내 인생의 주인이다."라는 말이 있다. 주체성은 '주인의 품성'이라는 말로 이해하면 좋다. 백과사전에서는 주체성을 다음과 같이 정의한다.

"개인으로서의 인간이 어떤 실천에 있어 나타내는 자유롭고 자주적인 능동성"

그렇다면 자유롭지 못하고 자주적이지 못한 건 주체성이 훼손되었다고 생각하면 된다.

💍 주체성 없는 현대인의 대표적인 사례

주체성이 없는 사람은 어떤 말을 하고 다닐까? 첫 번째는 이렇게 말하는 사람이다.

"너 때문에 내 인생 이렇게 됐어!"

부모가 자식한테 하는 말일 수도 있고, 남편이 아내에게, 아내가 남편에게 하는 말일 수도 있고, 사귀는 사이에서 하는 말일 수도 있다. 내 인생의 결과물이 단 하나의 요인에서 기인했고 그 사람이 잘못되었다는 판단이 나온다. 흔히 말하는 남 탓이다. 이게 왜 남 탓인지 잘근잘근 뜯어보자.

남편이나 아내 때문에 내 인생이 망했고, 자식이나 부모 때문에 내 인생 망했다고 말하는 사람치고 주체성 있는 사람은 없다. 주체성이 주인의 성품이라고 했다. 자기 인생의 주인이라는 사람이 어떻게 자기가 선택한 결혼에 배우자 탓을 하고, 자기가 선택한 자녀 출산에 자녀 탓을 할 수가 있겠는가. 다음 챕터에서 말하겠지만, 이 사람들은 자신이 을이 되기를 자처한다는 사실을 모르고 행동한다.

주인은 남 탓하지 않는다. 잘못 고용한 집사를 뽑은 자신을 반성하고, 능력 없는 직원을 고용한 자신을 반성하고, 현명한 선택을 하지 못한 자신을 반성한다. 만약에, 진짜 그 사람 때문에 내 인생이 불행해진 거라면 그것은 그것대로 문제다. 타인에게 내 인생의 행복의 주도권을 빼앗겨 버렸으니 말이다. 이런 상태에서 내가 행복해지는 방법은 그 사람이 복구시키는 수밖에 없다. 이걸 인정해야 다음 단계로 발전할 수 있다. 인정하지 못하는 사람은 평생 이 단계에 머물러 죽기 전에도 남 탓만 하면서 죽는다.

두 번째는 '내가 피해자야'라는 말을 남발하는 사람들이다. 여기서 포인트는 '남발'이다. 세상에는 분명, 자신만을 생각하고 남에게 피해 끼치는 것에 부끄럼이 없는 소시오패스들이 많다. 이들에게 당하는 피해를 무시하자는 게 아니다. 우린 분명 피해를 본다. 하지만, 피해를 당하는 것과 '피해자 의식'은 다르다. 명확한 피해를 입었지만, 예방할 순 없었는지 앞으로는 피해를 줄이기 위해 어떤 대응을 해볼 건지 생각하며 우린 능동적인 성장을 분명 할 수 있다. 하지만, '피해자 마인드'는 누군가에게 일러바치고 권위 있는 집단의 처분에 자신의 앞

왜 당신은 부모를 위한 결혼을 하는가

으로의 향방을 맡기는 수밖에 없게 만든다. 그래서 '피해자 마인드'의 노력은 '늘 내가 더 도덕적이다! 라는 말을 주변에 외치고 다니는 것' 밖에 없다. 어린이집에서 선생님께 일러바치는 아이의 역할을 못 벗어나는 것이다. 진짜 피해를 당한 것이라면 고소하고 재판 가서 멋있게 나의 권리를 주장하자. 그게 아니라면, 주변 사람들에게 피해자 어필하지 말자. 나쁜 전남친, 나쁜 전여친, 나쁜 시어머니, 나쁜 마누라 등등 주변 사람 나쁘게 만들어봤자 남들은 그 사람과 함께하고 있는 당신만 바보로 본다.

나는 의대 본과 3학년 때만 해도, 내가 당한 부당함과 서러움에 민감했다. 나에게 실망감을 안겼던 모든 교수님과 동료들, 부모님께 분노와 원망의 감정을 안고 살았었다. 하지만, 그래 봤자 내가 할 수 있는 건 "난 피해자야"가 전부다. 아무것도 바뀌지 않았다.

그럼 이제 다른 상황을 보자. 부모님한테 '부모 마음도 모르고 남자한테 미친년'이라고 모욕적인 말을 들었다 치자. 여러분은 내가 얼마나 선량한 사람인지 어필을 할 필요가 있을까? 엄마야말로 정신이 이상한 것이라고 주장할 필요가 있을까? 내가 왜 나이 먹고도 엄마 아빠의 말 한마디에 마음이 출렁출렁하는지를 돌아보고 대책을 세워야 더 성숙한 사람이 될 수 있지 않을까? 피해자로 남지 말자. 피해는 당했지만, 행복을 주도하고 인생을 개선하는 '주인'이 되자. 우린 어떤 상황에서도 행복할 수 있다.

💍 허락을 구하는 것은 비겁한 행위다

주체성 없는 인간의 세 번째 사례다. '자기 일인데도 누군가의 허락을 받고 움직이려는 사람'이다. 대한민국의 착한 아들딸들은 이 문구를 보고 '당연한 것 아닌가…' 싶을 수도 있겠다. 나도 착한 아들로서의 인생을 살아왔으니 잘 안다. 뭔가 하고 싶으면 부모님께 잘 말해서 허락을 구하고 그에 따라 행동하면 아무 탈 없었고, 부모님의 믿음에 보답해서 행동하면 되었다. 친구 집에 놀러 갈 때 그랬고, 학원 쉬고 싶을 때 그랬다. 하지만, 성인은 허락을 구하는 게 정말 비겁한 행동이라는 걸 몰랐다.

직장을 다녀보신 분들은 알겠지만, 윗선에다가 보고서를 올려서 승인이나 허가, 결재받는 행위의 의미를 알 것이다. 우린 결재를 왜 받아야 할까? 결재 없이 함부로 움직였다가 일이 잘못 되면 내가 혼자 책임질 수 없기 때문이다. 즉, 허가, 승인, 결재, 허락은 '일이 잘못되었을 때 책임져주세요.'라는 요청을 승인하는 공식적인 행위다.

그럼 결혼 허락을 받는다는 것은 뭘까? '내 결혼 생활 잘못되면 엄마 아빠가 책임져줄 거지? 엄마 아빠가 허락했잖아!'라는 뜻이다. 이 래서 이 책에선 끊임없이 착한 아이 페르소나를 내려놓으라고 계속 얘기하는 이유다. 성인은 착하다고 착한 게 아니다. 성인의 착함은 때론 비겁한 것이고, 겁쟁이가 되어버린 것이고, 미래가 없을 뿐이다.

내가 해야 할 일을 허락을 구하면 이렇게 되어버린다. 엄마 아빠가 본인의 결혼 리스크를 대신 책임져 줬으면 좋겠다면 잔말 말고 가서 부모님 눈치를 살피고 허락을 구해라. 반항 따윈 하지 마라. 자신의 인생과 사랑하는 사람을 책임질 자신이 없는 사람들에게 그럴 자격은 없다. 반대로, 부모님께 그런 책임 전가는 말이 안 된다는 생각이 든다면 허락을 구걸하지 마라. 예전엔 몰라서 그랬다 할 수 있지만, 이젠 알고도 그러면 안 된다.

⌾ 끌려다니는 습관

결국 내 행복이 종속되어버리는 관계에 사람들은 스스로 불행을 방어할 능력이 떨어진다. 회복 탄력성이 떨어진다거나, 관계의 결괏값에 본인의 행복을 위탁한다고도 할 수 있겠다. 끌려다니는 습관을 고치는 방법은 스스로 괜찮아지는 능력이 필수다. 엄마가 위로해줘야 괜찮아지고, 아빠가 인정해줘야 괜찮아지고, 애인이 연락해줘야만 괜찮아진다면 관계에 끌려다닐 수밖에 없다. 그 사람들이 내 행복을 쥐고 있으니, 살기 위해선 비굴하게 굴게 된다. 그래서 내가 주체성을 증진하는 커리큘럼의 이름을 멘탈 트레이닝이라고 붙인 이유다. 결국 관계는 멘탈 싸움이다. 정신 승리와 자기합리화를 멘탈 싸움이라 착각하지 말자. 스스로 행복해질 능력이 진짜 멘탈이다.

질문

내가 남에게 해결을 기대했던 사례는 무엇이 있을까?

2

주도하는 사람은 뇌부터 다르다

이전 챕터에서 우리는 끌려다니는 사람들의 특징으로 관계에서 멘탈이 약하다는 것을 알게 되었다. 그러면, 우리들은 왜 스스로 을의 덫에 자꾸 빠지는 걸까?

○ 부정적인 감정들의 원인

우리는 누군가가 원망스러울 때, 누군가에게 화가 날 때, '그 사람'만 생각하고 '그 사람'을 어떻게 할까 생각한다. 그러니 우리가 부모님께 화나거나 원망스러울 때, '부모님 어떻게 해야 하나요?'와 같은 질문이 나오는 것이다. 하지만, 진짜 원인은 그 사람이 아니다. 그럼 뭐가 원인일까?

인간관계는 사람마다 같은 상황에서도 느끼는 감정이 너무나 다르다는 특징이 있다. 예를 들어보자. 상담해보면 어떤 분은 엄마의 '잘 다녀왔니?'라는 한 마디가 너무 싫은 사람이 있고 어떤 사람은 따뜻하게 맞아주지 않는 엄마에게 상처받는 사람이 있다. 서로는 서로의 엄마가 부럽다. 왜 이럴까? 엄마 때문에 화나는 것이라면 같은 상황에서 우리 엄마를 만난 모든 사람은 화나야 하지 않을까?

사실 내 부정적 감정의 원인은 내가 그 사람을 보는 '관점'에 있다. 내가 '애 취급받는 건 수치스러운 거야'라는 무의식을 가지고 이 관점으로 엄마를 본다고 치자. 그러면, 나이 30살 먹고 '잘 다녀왔니?'라는 말은 너무 짜증 나는 일이다. 하지만, 이번엔 '무관심은 버려진 거야.'라는 관점으로 엄마를 본다고 생각해보자. 엄마의 묵묵한 신뢰는 내가 버림받은 것 같은 상처가 된다. 상처의 원인은 내 관점이다. 엄마가 원인이 되려면 모든 사람은 엄마의 같은 행동에 모두 같은 상처를 받아야 한다. 하지만, 실상은 그렇지 않다. 부정적인 감정들의 원인은 내 관점이다. 그게 지난 챕터 관계에 끌려다니는 습관을 버려야 하는 이유다.

👁 부정적 감정들은 모두 겁쟁이가 만든다

그런데 상처에 반응하는 방식은 사람마다 다르다. 상처를 상처로 받아들일 수 있으면 이미 상당한 레벨에 오른 것이다. Level 0단계에서는 상처를 상처로 못 받아들이고 화, 원망, 우울, 불안과 같은 2차 감정을 파생시켜서 느낀다.

예를 들어, 엄마가 "너는 그런 남자랑 결혼하면 불행해질 거야!"라는 엄마 말에 화가 나고, '어떻게 부모가 되어서 저렇게 저주를 할 수가 있지?'라는 원망이 든다고 해보자. 그러면, '엄마 말은 사실일지도 몰라. 엄마한테 인정받아야 마음이 편할 거 같아.'라는 마음이 한쪽에 도사리고 있는 상태다. 왜냐하면, 엄마의 인정이 필요 없고 내 행복에 대한 자신감이 있으면 엄마의 저주가 아무렇지 않다. 그러니 여기서 화, 원망, 우울의 근본 감정은 두려움이다. 내가 틀릴 것 같은 두려움, 내 인생이 불행해질 것 같은 두려움, 엄마에게 미움받을 두려움이 진짜 1차 감정이다.

◯ 뇌과학이 증명하는 감정

두려움이라는 감정은 우리 뇌에 편도체(Amygdala)라고 하는 부위의 활성과 관련 있다. 이 편도체는 변연계(Limbic system)와 연계되어 두려움, 불안이라는 감정을 우리 뇌에 뿌린다. 이 두려움이라는 감정은 타 감정과 다르게, 대뇌의 간섭이 크게 필요 없다. 타 감정들은 대뇌의 다양한 부분과 같이 활성화되지만, 두려움은 꼭 그렇진 않다. 변연계만으로 공포감을 촉발하는 데에 충분하다. 다르게 말하면, 지능이 안 좋아도 오롯이 느끼는 감정이라는 뜻이다.

충분히 훈련되지 못하고 정서적 교육을 받지 못한 사람은 잘 살펴보면, 스스로 두려움과 불안을 잘 조절하지 못한다. 이 두려움과 불안 때문에 관계에서 늘 요구적인 사람이 된다. 무슨 말만 하면 나를 우습게 보는 것 같아서 화가 나고, 연락이 안 돼서 불안하고, 돈이 적은 것 같아서 불안하고, 조금만 서운한 말을 하면 원망스럽고, 관계에서 늘 행복을 구걸하는 을이 된다. 그래서 이 행복에서의 을의 관계는 사실 편도체 때문이다. 행복의 주인이 되려면 편도체를 잘 진정시키는 훈련이 되어야 한다.

💍 엄마의 편도체는 내 것이 아니야

이 편도체는 호모 사피엔스까지 오면 중요한 임무를 하나 더 가진다. 바로 전염시킨다는 것이다. 호모 사피엔스는 사회적 동물이다. 이 사회적 동물은 다양한 감정을 교감하게 진화하는데, 그중에서도 이 두려움은 아주아주 파급력이 크다. 당장 현대 사회에서 이 공포심으로 먹고사는 업종도 대단히 많다. 옷을 팔 때도, 지금 사지 않으면 세일이 끝날 것이라고 겁을 줘야 하고, 언론사들도 별것 아닌 일도 침소봉대해서 사람들이 '어머! 무슨 일이야!!'라고 느끼게 해야 시청률과 조회수가 올라가서 돈을 번다. 그래서 하루종일 뉴스만 보는 행위가 세상을 더 비관적으로 보게 만든다는 연구도 있다.

이 전염 잘 되는 공포라는 감정은 한국 사회에서 또 특이한 기능이 있다. 바로 가족 간의 유대감을 결집하는 역할을 한다. 엄마의 호들갑에 자주 시달리는 큰 아들들은 많이 느낄 것이다. 엄마는 대체 왜 별것 아닌 일로 호들갑을 부릴까? 이미 엄마는 오랜 기간 '내 아이가 위험해!'라는 감정을 모성애로 해석하며 살았다. 즉, 공포감을 느껴야만 엄마가 된 것 같은 기분이라는 게 있다. 그리고 아빠는 그런 엄마를 위로해주고 진정시켜주며 남자로서의 존재감을 느낀다.

모든 부모가 이렇지는 않다. 하지만, 분명한 건, 한국적인 부성애,

모성애에는 '걱정'이라는 프리미엄 태그가 붙는 순간 '신성화'되는 것이 있다. 부모의 걱정은 국가도 왈가왈부해서는 안 되는 것이다. 부모의 걱정은 무조건 옳고, 주변 사람들도 '부모의 걱정'을 감히 비판하는 자녀들을 몰아붙인다. 하지만, 주체적인 삶을 살기 위한 여러분들은 이 사실을 알아야 한다.

엄마의 걱정은 내 것이 아니다. 내가 해결해야 할 과제가 아니다. 엄마의 편도체는 엄마만이 진정시킬 수 있다. 남편이, 자식들이 진정시켜주는 게 습관이 되면, 자신의 감정이 불안해질 때마다 성인이 된 자녀들에게 집착적으로 전화하는 습관이 생긴다. 꽤 흔한 케이스다. 결혼 반대, 정서적 독립 문제로 상담해보면 60~70% 이상은 어머님들이 이런 습관이 있다. 30~40% 이상에서 아버님들도 이런 증상이 있다. 기억하자. 엄마의 편도체는 내 것이 아니다. 엄마의 불안, 비난, 우울, 원망은 내 감정이 아니다. 분리하자.

💍 편도체 억제하는 훈련

주체성 멘탈 트레이닝 커리큘럼을 듣는 회원들은 사실 이 훈련을 중요하게 받는다. 편도체를 억제하는 훈련 말이다. 엄마, 아빠의 비난에 멘탈이 무너지고 소리치거나, 우울해지거나 하는 것을 방지하는 것이 정말 중요하다. 결혼 반대에서 실패하는 케이스는 다음과 같다. 커플들이 부모님 때문에 헤어지기보다는, 부모님 때문에 받은 스트레스를 관리하지 못해, 만만한 남친, 여친한테 쏟아내다가 둘이 정 털려서 헤어지는 케이스가 많다. 그만큼 관계에서 스트레스 저항성을 가지는 것은 매우 중요하다. 그럼 편도체를 진정시키는 방법은 뭐가 있을까?

첫 번째, 루틴 관리다. 식사 시간, 수면 시간, 운동 시간을 일정한 패턴으로 유지하는 것이다. '뻔한 소리 하네' 싶겠지만 뻔한 소리일수록 거부할 수 없는 과학이다. 나도 의사 직업병이 남아서 그런지, 식상하지만 과학적으로 분명하게 도움이 되는 것들은 고리타분하더라도 꼭 전해주려고 한다. 식사, 수면, 운동은 우리 뇌가 생존과 연계되어 있다고 느끼기 때문에 신경전달 물질들이 제때에 맞춰 분비되며 메커니즘에 관여한다. 식사는 렙틴, 그렐린이 식욕에 관여하고 그 외에 가스트린, 세크레틴과 같은 로컬 호르몬도 관여한다. 수면은 송과선(Pineal gland)에서 멜라토닌을 통해 수면욕에 관여하고, 여기에 에피네프린, 세로토닌 또한 수면유도에 관여하게 된다.

이렇게 두껍고 복잡한 메커니즘이 있는 이유는, 여러분이 의지를 가지지 않아도 자연스럽게 자게끔, 먹게끔, 신체가 알아서 행동하게 하기 위해서다. 생존에 필수적인 활동이기 때문이다. (물론, 병적인 경우는 제외다) 만약 여러분들이 이 메커니즘들을 역행해서, 먹어야 할 때 안 먹고, 먹지 말아야 할 야식을 먹고, 자야 할 때 안 자고 불규칙하게 자면 어떻게 될까?

뇌는 당연히 이렇게 생각한다. '뭐야..? 왜 안 자? 왜 안 먹어? 신경전달물질은 공짜인 줄 알아? 이거 합성해낸다고 얼마나 힘든데! 하….몰라 이제 네가 알아서 해!' 그럼 그다음부터 공복인데도 배가 안 고프고 새벽 3시인데 안 졸리는 경지에 이른다. 뇌에 교란이 일어나기 시작하는 것이다.

이것은 편도체를 자극한다. 정상 시스템으로 돌아가지 않기 때문에 편도체의 비상 시스템을 빌린다. 하루 중, 불필요한 불규칙성은 제거하는 것이 좋다. 부모님과의 대화가 너무 스트레스받는다면 요일을 정해서 딱 그 시간대에 대화하고 나머지 시간은 혼자만의 공간과 시간을 유지해라. 부모님이라는 이유로 수시로 불려 다니고 끌려다니지 마라. 그건 효자가 아니라 노예다. 본인이 필요하면 먼저 연락드리고 방문해드리면 된다. 스스로에게 규칙성을 부여해라.

두 번째, 명상 훈련이다. 이 편도체를 억제할 힘을 가진 곳이 있다. 바로, 내측전전두엽(medial prefrontal cortex, 이하 'mPFC')라는 부위가 있다. 이 부위는 편도체가 생성한 공포 반응을 억제하는 역할을 한다.[4] 공포 뉴런은 mPFC에 신호만 보내는 반면, 공포 제거 뉴런은 mPFC로부터 신호도 받는다. 즉, 편도체의 공포를 조절할 수 있는 부

4) Roger Marek, et al., "The amygdala and medial prefrontal cortex: partners in the fear circuit" J Physiol, 2013 May 15; 591(Pt 10): 2381 – 2391.

위다. 그런데, 이곳이 명상 훈련 시에 자극된다.[5] 스스로를 인식하고 스스로에 대한 정보를 처리하는 곳이기 때문이다. 그뿐만 아니라, 인지 과정, 감정 조절, 동기 부여 및 사교성에서 필수적인 역할을 한다.

mPFC의 기능 장애는 우울증, 불안 장애, 조현병, 자폐 스펙트럼 장애, 알츠하이머병, 파킨슨병 및 중독과 같은 다양한 신경 및 정신 질환에서 발견될 정도로, 정서 조절에 아주 중요하다. 정리하자면, 나 자신에 대해서 인식하는 과정을 통해 이 mPFC를 자극해서 편도체를 진정시킬 수 있다는 것이다. 소크라테스의 "너 자신을 알라"라는 말은 사실 뇌과학적으로 맞는 말일지도 모른다. 나 자신을 알아가는 과정이 관계에서 회복 탄력성을 높이고 관계 주체성을 올려버리니 말이다.

이 책은 일단 주체성 트레이닝 단계를 처음 접하는 분들을 위한 것이니 명상에 대해서 너무 깊게 들어가지는 않겠다. 일단, 가장 초심자가 할 수 있는 좋은 명상은 '이완 명상' 또는 '자비 명상'이다. 부교감 신경계를 자극해서 스스로 이완하는 훈련이다. 현대인들은 흥분은 잘한다. 스스로 잠을 깨우며, 긴장하고, 경쟁하고, 스트레스받고 화를 잘 낸다. 하지만, 스스로 잠이 들고, 긴장을 풀고, 스트레스를 건강하게 해소하고, 화를 삭이는 데에는 완전 초짜다. (내가 그랬다) 그래서 이

---

5) Pan Xu, et al., "Medial prefrontal cortex in neurological diseases" Physiol Genomics. 2019 Sep 1; 51(9): 432 – 442.

완하는 훈련은 나 자신을 변화시키기 위한 첫 단계다. 스스로를 돌아볼 시간적 여유를 가지기 위한 밑 작업이라고 생각하면 된다.

이 2단계를 충분히 거치지 않으면, 자기 자신을 돌아보면 돌아볼수록 화를 더 내게 된다. 그런 사람들이 있다. '내가 뭘 잘못 했는데!', '아 답답해. 가만히 앉아서 뭐할 건데. 당장 가서 말 한마디라도 질러야지.' 이 상태에선 내 감정을 인지하는 훈련, 조절하는 훈련, 타인의 감정을 이해하는 훈련, 적절한 감정으로 치환해서 말하는 능력들을 얻을 수 있는 길이 요원해진다. 투자하려면 돈이 있어야 하듯이, 나의 성장을 위해선 마음의 여유라는 자본이 있어야 한다.

부모님의 불안이 전염되지 않으려면 어떤 노력을 할 수 있을까?

3

겁쟁이들의 특징 2가지

나는 이 책을 쓰며 이 책은 필요한 사람이 직접 읽었으면 좋겠다고 생각했다. 남한테 훈계하고 가르치려고 들려고 이 책을 들이미는 행동보다는 나 자신한테 적용될 수 있는 것들을 찾으려는 사람들에게 전달될 비밀 마법서면 좋겠다. 왜냐하면, 그것만이 효과가 있다. 남이 하는 말은 방어기제가 올라오기 때문이다.

ᦔ 방어기제

정신 의학에서는 방어기제를 다음과 같이 정의한다. "받아들일 수 없는 잠재적 불안의 위협에서 자신을 보호하기 위해 실제적인 욕망을 무의식적으로 조절하거나 왜곡하면서 마음의 평정을 찾기 위해 사용하는 심리학적 메커니즘" 어렵게 외우려고 하면 어차피 읽어도 읽어도 잊어버린다. 우린 쉽게 가져가자. 인강 족집게 강의 느낌으로 말하자면, 뭔가 위협이 느껴지면 보호하기 위해서 무의식적으로 왜곡해서 인지한다는 것이다.

자, 전제 조건이 필요하다. 먼저 '나를 위협하는 무언가'가 있어야 한다. 그게 전제 조건이다. 그러면 목적은 '위협으로부터 나를 보호하기 위한 행동을 수행한다.'가 된다. 수행하는 행동은 '왜곡한다'이다. 이는 정신분석학의 창시자 지그문트 프로이트가 최초로 주장한 개념이다. 현대 심리학에서 받아들여지는 중요한 개념이지만, 한편으로는 이 방어기제 때문에 답도 없는 상황들이 펼쳐진다. 이 방어기제는 자연스러운 것이기도 하지만 너무 강력하면 발전이 없다. 겁쟁이들의 첫 번째 특징이다.

💍 진짜 내 마음은 나도 모른다

"너 그 남자 자꾸 생각나는 게, 사실 마음에 드는데 인정하고 싶지 않은 거 아니야?" 이런 장면을 드라마나 웹툰에서 다들 한 번씩 본 적 있을 것이다. "아니야! 내가 그런 놈을 왜 좋아해!"라고 하다가 맨날 생각하고 부딪히고 하다가 결국 틱틱대면서 사귀는 스토리. 이젠 너무 익숙할 정도다. 그런데 잘 생각해보면, 내가 누군가를 좋아하는지 아닌지를 왜 본인이 모르는 걸까? 그 사람이 이상한 사람인 걸까?

아니다. 사실은 사람은 누구나 이런 면을 가지고 있다. 그게 연애냐 결혼이냐 부모님과의 관계냐 직장이냐에 따라서 정도의 차이가 있을 뿐이다. 우리 마음은 우리가 직접 정확하게 안다고 하는 것은 대단히 어려운 일이다. 그럼 우리가 왜 우리 마음도 제대로 못 보는 걸까? 바로 방어기제 때문이다. 방어기제에는 여러 가지가 있다. 하나씩 예시를 보자.

– 부정(Denial)

가장 원시적인 방어기제로서 위협적인 현실에 눈을 감음으로써 불안을 방어해 보려는 수단이다. 사람들은 불안을 일으키는 현실을 실제로 받아들이기를 거부한다.

예를 들면, 분명 자녀가 성인이고 결혼할 나이이지만, 아직 때가 이르다고 생각한다. 눈을 감는 것이다. 마찬가지로, 부모님이 반대하는 결혼을 못하고 있을 경우, 부모님께 인정받고자 하는 인정 욕구가 있어서, 이 인정 욕구 때문에 못하고 있는 경우가 있다. 하지만 대부분은 안타깝게도 나는 그런 게 아니라고 우기곤 한다.

– 억압(Repression)

억압은 의식하기에는 너무나 고통스럽고 충격적이어서, 무의식적으로 억눌러버리는 것을 말한다. 고통스럽고 불쾌한 생각이나 기억을 의식에서 축출하여 무의식에 가두어 두는 과정이라고 할 수 있다.

간혹 부모님에 대한 상처가 너무 커서, 내가 그들의 인정을 원하고 있다는 생각 자체가 너무 수치스러워서 무의식에 억압하는 경우들이 있다.

– 투사(Projection)

나에게서 있는 특성이지만, 내가 받아들이는 것이 위협이라 여겨져서, 다른 사람의 특성으로 돌려 버리는 과정이다. 즉, 자신의 심리적 속성이 타인에게 있는 것처럼 생각하고 행동하는 것이다. '뭐 눈엔 뭐만 보인다'라는 말도 여기서 기인한다고 할 수 있다.

예를 들어, 내 내면에는 부모에게 의존하고 싶은 마음이 있다. 그런데, 이 사실을 너무 위협적이라고 받아들인 나머지, 내 애인을 마마보이, 마마걸이라고 비난하게 된다.

또는, 내가 돈에 매달리는 특성이 있는데, 인정하기가 너무 수치스러운 나머지, 뉴스만 보면 '전부 돈독이 오른 인간들 때문'이라고 생각하게 된다.

– 고착(Fixation)

인간의 자연스러운 성격 발달의 단계 중 어느 한 단계에 머물러 다음 단계로 발달하지 않음으로써 다음 단계가 주는 불안에서 벗어나려 하는 방어기제다.

예를 들어, 독립적인 존재가 되기보다는 남에게 의지하고 싶어 하는 사람은 어른이 되면 사회적으로 받아들여야 하는 룰이나 책임을 감당하는 것이 두려워 성장하기를 거절하고 유아기에 병적으로 집착하려는 것이다. 성인인데 부모님한테 애교부리고 부모님이 주는 밥을 먹는 역할에 만족하거나, 연애를 하는데도, 유아처럼 사랑을 구걸하는 행위들이 해당한다.

– 합리화(Rationalization)

실망을 주는 현실에서 도피하기 위해 그럴듯한 이유를 붙이는 것을 말한다. 흔히 말하는 '정신 승리'나 '신포도'라고 생각하면 된다.

예를 들어, 부모님이 반대하는 결혼을 본인이 미움받을 용기가 없어서 추진하지 못했지만, '사실 그 정도로 사랑하지 않았어'라고 후에 평가하는 것이다.

– 승화(Sublimation)

내 내면에 사회적으로 용납될 수 없는 근본적인 충동을 사회적으로 용납된 생각이나 행동으로 표현함으로써 적절하게 전환하는 과정이다. 승화는 성숙한 방어기제 중 하나로 받아들여진다.

예를 들어, 경쟁하고 싶은 심리를 스포츠를 통해 해소하거나, 슬프고 우울한 내용을 유머로 승화해 내는 것들이다.

– 전이(Transference)

중요한 사람과 겪었던 경험, 감정을 무의식적으로 지금 대화하고 있는 사람에게 느끼는 것이다. 페르소나적인 데자뷰라고 이해할 수 있을 것이다.

예를 들어, 아빠한테 들었던 비난을 남친이 똑같이 한다고 느끼는 것이다. 남친은 비난의 의도가 없었지만, 나는 반복적으로 비난당할 때의 기분을 무의식적으로 이 사람에게서 재현한다.

– 철회(Undoing)

자신의 욕구 또는 행동으로 인해 타인에게 피해를 주었다고 주관적으로 느낄 때, 그 행동을 중지하고 원상 복귀시키려는 일종의 속죄 행위를 말한다.

예를 들면, 부모님한테 반항했다가 너무 미안해서 '엄마 미안해. 엄마가 그렇게 싫어하면 이 남자랑 헤어질게.'라고 보상을 주는 것이다. 이것은 논리적 의사 결정이 아니기 때문에 금방 후회하기도 한다.

여기까지 봤을 때, 방어기제가 정말 많다고 느껴질 것이다. 그런데, 이것도 현대 심리학에서 인정하는 방어기제의 일부분만 가져온 것이다. 그럼 우리는 어떻게 해야 방어기제를 뛰어넘을 수 있을까?

⚭ 내 약점을 인정하는 것은 위협이 아니다. 우린 생각보다 강하다

겁쟁이들의 두 번째 특징은 인정하기를 싫어한다는 것이다. 우리 인생에서 무언가를 인정하고 받아들이는 게 생각보다 큰 위협이 아니라는 것을 깨닫는 것이 중요하다. 어린 애들이야 자기가 모르는 게 있다는 것, 모자란 게 있다는 걸 인정하면 세상 끝나는 줄 알고 울고 뒹굴고 집어던진다. 하지만, 우리는 그러지 않을 수 있다.

예를 들어보자. 처음 상담하러 오시는 분들은 '나의 미성숙함'에 대해서 굉장히 불쾌해하는 분들이 꽤 있다. 하지만, '나의 미성숙함'을 받아들이는 게 그렇게 수치스러운 일이 아니고 오히려 문제 해결 방안을 찾기 위한 첫걸음이라고 인정하는 사람도 있다. 그런 사람은 자신이 문제가 있다는 걸 받아들이고, 동시에 코칭 받을 용기를 낸다. 한번 생각해보자. 이 책을 쓰면서 '내 부모님도 한때, 내 연애와 결혼을 못 미더워하셨다.'라고 세상에다 말하고 있는 나는 어떻겠는가? 내가 계속 이걸 부끄러워했다면 이 책을 쓰는 걸 죄책감 느끼는 멘탈이었다면, 부모님과 이렇게 건강한 관계로 발전하지 못했을 것이다.

스스로 괜찮다는 말을 많이 해주자! 그게 무엇이든, 어떤 생각이 든다면, 그런 생각 들어도 괜찮으니까 드는 것이다. 우리 인생은 생각보다 안전하다. 우리 인생은 부모님 걱정보다 안전하다. 부모님한테 반대당한다고 죽지 않는다. 내 맘대로 한다고 인생 꼬이지 않는다!

질문

나는 어떤 문제를 정면으로 마주하지 못했을까? 왜 그랬을까?

왜 당신은 부모를 위한 결혼을 하는가

4

예비 시댁에 쫄지 않는 비결

♀ 잃어버린 주인 의식 되찾기

우리는 예비 시댁에다가 주인 의식을 가져야 한다. 시댁이 나를 어떻게 평가하는지가 중요한 게 아니라 내가 시댁을 어떻게 평가할지가 중요하다. 시댁에 어떻게 이쁨받는지가 중요한 게 아니라, 내가 시댁을 어떻게 좋게 봐줄지가 중요하다. 시댁의 규칙을 따라야 할지 말아야 할지 고민하는 게 아니라, 내가 어떤 규칙을 세워야 시댁이 따라올까를 고민해야 한다. 여러분이 리더라는 것을 잊지 마라. '리더로서 시댁, 처가 앞에 당당한 나는 무슨 생각을 하고 있을까'를 고민해 봐라.

⚭ 눈치 보는 하인이 될 것인가 새로운 주인이 될 것인가

머슴들과 하인은 '착취하기 쉽게' 길러진다. 이것이 내가 말하는 '하인 마인드셋'이다. 이 '하인 마인드셋'은 한번 세팅되면 스스로 벗어나기 힘들다. 남들의 의견을 잘 따르게 되고 내가 선택하는 것이 무섭다. 아니면, 반대로 투덜이가 되기도 한다. 하지만, 투덜이도 자기가 새로운 삶의 대안을 제시할 생각은 없다.

그런데, 이 '하인 마인드셋'을 깨고 나오는 타이밍이 있다. 바로 사랑이다! 하인들이 사랑에 빠지면 주인을 버리고 도망친다. 하인으로 사는 삶에서 처음으로 벗어나고 싶은 욕구가 요동친다! 그러니 주인 입장에서는 인간을 통제하는 가장 마지막 단계가 '사랑할 권리를 박탈하는 것'이다.

이 책자 초반부에 사랑은 '인간이면 누구나 가지는 권리'라고 언급했을 것이다. 마찬가지로, 이 사랑을 통해 인간은 '누구나 하인이 되지 않을 권리'를 갖게 된다. 독일을 비롯한 선진국들은 성교육을 주체적인 시민을 길러내는 중요한 정신으로 여기고 가르친다. 성은 가장 나답고 나의 본질에서 출발하는 욕구다. 여기에 인간의 정체성을 입힌 것이 사랑이다. 사랑을 잘 지킬 줄 아는 사람이 주체적 마인드를 갖추고 진정한 주인이 된다. 그래서 제대로 사랑하는 관계를 발전시키려면 우리는 주인으로서 말하고, 감정을 느끼고, 생각하는 것을 훈련해야 한다.

여러분은 이 책을 읽었으니, 시댁이나 처가 반대가 무서워서 도망치기보다, 이 기회에 주인 의식으로 사랑하는 연습을 해봤으면 좋겠다.

💍 시댁, 처가 하인 생활을 벗어날 기회

상대방 부모님이 반대해서 이 책을 읽는 분들, 여러분들도 예외 없다. '남편이 해줬으면~', '아내가 해줬으면~' 하고 앉아 있다면 여러분은 그들의 하인이 될 것이다. 내 남편이나 아내가 알아서 처리했다 해도, 나는 영원히 만만한 존재가 된다. 도망가도 방법이 없다. 나를 구제해줄 멋쟁이 왕자님이 나타나지 않으면 내 인생은 계속 반복된다. 내가 성장할 기회를 걷어차고 성장을 거부했기 때문이다.

이전에는, 내 연인을 원망하고, 불안해했을 수도 있다. 해결을 촉구하고 쪼아댔을 수도 있다. 하지만, 이런 요구적인 자세들은 모두 결혼을 앞둔 상대에게 부담으로 작용한다. '얘는 앞으로 결혼 생활하고 나서도, 나를 쪼아대겠네. 자기 불안을 나보고 해결해달라고 하겠네….' 이런 식으로 오해하게 되기도 한다. 해결에 도움이 안 된다.

그러니, 전화위복으로 삼고 긍정적인 기회라는 것을 빨리 깨닫자! 그래서 연인이랑 긍정적인 감정부터 공유하는 연습을 하자. 이참에 결혼 생활 행복의 주도권을 되찾아오는 것이다. 이렇게 소리쳐보자. "내가 해결력을 갖췄으니, 다들 내 눈치를 보아라. 나는 죄지은 것 없지만 이 문제를 나서서 해결했노라!" 예비 시부모님, 처가 어른들을 만나서 어떻게 멘트를 해야 할지는 다섯 번째 문을 열고 알아보자. 급할 필요가 없다.

💍 인생이 바뀌는 기회

내 수강 회원들 중 습득이 빠른 사람들은 '하인 마인드셋'과 반대되는 '주인 마인드셋'을 자신의 인생에 전반적으로 응용해버린다. 내 부모님을 이해시켜 결혼에 성공하기도 하고, 문화가 완전히 다른 외국인 여친의 부모님을 설득해 내기도 한다. 멘탈을 잘 훈련해 회사 내에서의 직장 생활을 개선하기도 하고, 원했던 이직에 성공해서 새로운 삶을 살기도 한다. 이 모든 건 관계 해결력과 멘탈력에서 나오기 때문이다.

말했지만 나는 어디까지나 도와주는 역할이다. 직접 가야 하는 것은

왜 당신은 부모를 위한 결혼을 하는가

여러분이다. 얼마나 용기를 가지고 부딪혀보느냐에 따라 여러분이 얻을 수 있는 것은 무궁무진하다. 그리고 거기서 얻는 과실은 모두 여러분의 것이다. 기억하자! 역사적인 리더들은 물러서지 않는다. 남이 대신해 주길 기다리지 않는다!

나는 예비 시댁, 처가에 대해 하인 마인드를 가졌던 점은 없을까? 주인 마인드가 되려면 어떤 점을 고쳐야 할까?

당신의 두 번째 독립문을 열기 위한 핵심 열쇠

1. 관계 주체성은 관계 문제를 능동적으로 해결하는 능력이다

   - 해결하는 능력을 남에게 넘기지 말라

2. 관계를 주도하는 사람은 편도체가 진정되어 있다. 평소에 편도체 관리를 잘해 주자

   - 일상 관리
   - 이완 명상

3. 문제를 회피하는 겁쟁이가 되었을 때, 마음속에서 올라오는 방어기제를 조심하자

4. 예비 시댁에 미움받을 용기를 키워라. 전화위복의 기회다

세 번째 문:

반대하는 결혼을 해라

❀❀❀❀❀❀❀❀❀❀❀❀❀❀❀❀❀❀❀❀❀❀❀❀❀❀❀

"결혼에서 재물을 논함은 오랑캐의 도이다."   **명심보감**

1

부모님이 결혼식장에
와야 한다는 편견

그럼 부모님들이 반대하는 대체 진짜 이유가 뭘까? 그 전에, 우리는 '문화적으로 귀에 딱지가 앉도록' 들었던 말에 대해 오해를 풀고 가야 한다. 부모님과의 갈등과 주체성 문제를 극복하려면, 먼저 이 결혼에 대한 잘못된 관념들을 우리가 알아야 한다. 이것들은 인정 욕구의 문제와 맞닿아 있다.

1. 결혼은 허락받고 진행해야 한다

세상 일은 두 가지로 나뉜다. 허락받고 해야 하는 일과, 허락 없이 알아서 해야 하는 일. 이 둘 사이에 본질적인 차이가 존재한다. 허락

받고 해야 하는 일은, 내가 책임질 수 없는 일들이다. 허가, 승인 시스템이 여기에 속한다. 허락은 허가기관에서 책임지겠다는 징표 같은 것이다.

반면에, 허락 없이 알아서 해야 하는 일은 내가 책임져야 하는 일들이다. 신고제나 시스템과 관계없이 자유롭게 하는 일들이다. 여러분의 결혼은 어디에 속하는가? 결혼은 내가 책임질 수 없는 일인가? 내가 책임 못 지니까 만약 결혼한 뒤 잘못되면 부모님한테 책임져 달라고 할 일인가? 이제 느낄 것이다. 결혼을 허락 받는다는 게 얼마나 비겁한 말인지를. 앞서 두 번째 문을 잘 열고 왔다면 무슨 말인지 이제는 바로 알 것이다.

법륜 스님의 〈즉문즉설〉 코너에 "부모님이 남자를 마음에 안 들어하는데 결혼해도 될까요?"라는 질문이 올라왔다. 이때 법륜 스님은 다음과 같은 말씀을 해주신다. "부처님은 허락 맡고 출가했을까요? 안중근 의사는 이토 히로부미 쏘기 전에 엄마한테 가서 허락받았을까요? 민주화 운동 하셨던 분들도 허락 맡고 했을까요?" 재밌는 관점이면서도 많은 생각을 해보게 된다.

법륜 스님은 고등학생 때 출가하셨다고 한다. 이때, 어머님이 절까지 쫓아와서 입구에서 늘 흐느끼고 울고 계셨다고 한다. 하루는 어머님이 독약 먹고 죽겠다고 협박을 했다고 한다. 이에 법륜 스님은 "먹고 죽겠다면 그건 어머님의 뜻이니 제가 막지 못합니다. 건강하십시오." 하고 뒤돌아서 절로 들어가셨다고 한다. 매정하게 보일 수도 있다. 하지만, 상대에 대한 존중과 내 인생에 대한 책임이 묻어난 현명한 대처다. 엄마가 죽겠다는 건 엄마 뜻이고, 출가하겠다는 건 내 뜻이다. 둘 다 존중받아 마땅하다. 엄마가 죽을까 봐 전전긍긍하면 이렇게 훌륭한 스님이 탄생할 수 없다.

결혼도 마찬가지다. "맘대로 결혼할 거면 연 끊자!" 연 끊겠다는 건 부모님 뜻이고, 결혼하겠다는 건 내 뜻이다. 둘 다 존중받아 마땅하다. 부모님이랑 연 끊길까 봐 전전긍긍한다면 새로운 건강한 가정을 꾸릴 수 없다.

2. 부모님이 반대하는 데는 이유가 있다

지긋지긋하게 많이 들어봤을 것이다. '부모님이 살아봐서 너보다 아는 게 많다'라고 한다. 이걸 부정할 수는 없다. 실제로 젊은 사람들이 머리로 아는 것과 실제 인생에서 경험하는 것은 다르다. 경험해본 자들의 조언을 우습게 생각해볼 것은 아니다.

다만 문제는 경험해봤다고 다 현명한 조언을 하는 것은 아니라는 점이다. 주식에 많은 돈을 탕진한 아저씨들을 봐라. '내가 주식 해봐서 아는데~'라는 소리 듣고 내 돈을 싸 들고 가서 그들에게 조언을 구할 것인가? 아주 위험하다! 경험한다고 무조건 현명함으로 치환되는 것이라면 우리는 대통령 선거를 하면 안 되고 가장 나이 많은 사람으로 뽑아야 한다. 결혼 조언도 이혼 10번 한 사람한테 받아야 한다! 해봤다고 모든 지혜를 통달하는 것은 아니다. 참고로, 예수님과 부처님은 결혼 생활을 지속하지 않았지만 인간관계를 통달하셨다. 부모님은 솔로 출신(?) 예수님께도 결혼에 대해 가르치려 들까? 부모님의 권위를 절대적으로 신뢰하면 위험해지는 이유다.

우리들이 진정 부모님의 지혜를 받아들일 수 있는 성숙한 사람이 되려면, 역설적으로 그들의 지혜로부터 자유로워야 한다. 맹신하는 자들은 절대 스승을 따라잡을 수 없다. 스승도 언제나 옳은 충고를 할 수 없다. 이건 꽤나 외로운 사실이다. 세상에 내가 무조건적으로 믿고 따를 수 있는 사람이라는 것, 그런 논리라는 것은 존재하지 않는다. 그냥 나 자신의 성실성, 의지, 도덕성을 믿고 가야 할 뿐이다.

주변에 결혼 반대 문제로 도움을 구해 보신 분들은 알 것이다. 이런 일을 겪고 있다고 털어놓으면 제일 먼저 받는 질문이 "반대하시는 이유가 뭐래?"라고 한다. 여기서 우리는 무의식적으로 '뭔가 이유가 있을 거야. 이유를 아는 게 중요해'가 작동한다.

엄밀히 말해 '반대당할 결혼'은 따로 존재하지 않는다. 그 누구도 누군가의 결혼을 반대할 권리는 없다. "반대하실 만한 결혼이다"라는 말은 또 다른 폭력이다. 여러분은 반대당할 만해서 반대하는 게 아니다. 이유를 결혼 내에서 찾지 말길 바란다. 혹시나 친구가 이런 일에 처했을 때도 그들에게 이유를 캐내는 폭력을 행사하지 말길 바란다. 이미 충분히 들어봤는데도 납득 할 수 없다면, "반대할 만한 이유가 있을 거야"란 말은 이제 스스로 자기 최면이 되어간다. 그냥 인정하자. 인정 욕구 때문에 이유에 매달리고 싶어진다.

3. 반대당하는 이유가 무엇인지 알아내면 해결 가능하다

결혼 반대 문제에서 많은 사람이 이 '이유'를 토론하는데 상당히 많은 시간을 낭비한다. 결론부터 말하자면 '반대하는 이유'는 중요하지 않다. 그 누구도 진짜 '반대하는 이유'를 솔직하게 말할 용기 있는 자는 없다. 솔직히, 자기 자신도 모른다.

표면적으로는 반대 이유를 돈, 직업, 집안, 사주, 관상, 같은 교회나 다른 교회 등을 든다. 하지만, 가만히 생각해보면, 이유라는 건 만들기 나름이다. 그 이유가 나에게 해당되지 않으면 상관없는 것이다.

누군가는 돈, 누군가는 전문직, 누군가는 사상, 출신 지역 등등 각자 미쳤다 싶을 정도로 꽂혀 있는 것들이 있다. 그건 부모님들이 주장하는 이유다. 심지어 진짜 이유도 아니다. 그것들에 귀를 기울이지 말자. '반대당하는 이유'보다 중요한 것은 '내가 결혼해야 하는 이유'다. 부모님, 주변 사람들의 '불안'이라는 노이즈가 바로 '이유를 들어서 반대를 합리화'하는 것이다.

다음 챕터 때 무의식과 애착 관계 파트에서 알려줄 것이다. 진짜 이유는 마음의 문제에 있다. 무의식과 인지, 감정의 문제에 있다. 심리학과 마음 공부에 관심이 없는 일반인 입장에서 이를 파악하기란 쉽지 않다. 그러니 일단, 나 자신이 쉽게 파악할 수 있는 이유는 아니라는 것만 기억해두길 바란다.

4. 부모님이 반대하는 결혼은 하는 것이 아니다

앞선 오해들의 연장선이다. 하고 안 하고는 여러분이 정해야 한다.

이 책을 쓰고 있는 나도 인생을 오래 살았다고 할 순 없다. 하지만, 수많은 성현의 책을 읽고 의학의 역사, 인간의 심리를 분석하면서 느낀 것은 세상에 '답이 정해져 있다'고 강하게 주장하는 사람들과 대화

왜 당신은 부모를 위한 결혼을 하는가

하는 것을 피해야 한다는 것이다. 여러분의 생각을 오염시킬 것이다. 세상에는 답이 없다. 천재의 대명사 아인슈타인도 양자역학을 끝끝내 인정하지 못했고, 한때 현대인들의 멘토로 꼽히는 최고의 물리학자 파인만도 "당신이 양자역학을 이해했다면 이해하지 못한 것이다."라고 말했다. 우주의 가장 근본적인 진리를 탐구하는 물리학조차 이런데, 결혼이야 말할 필요도 없다. 어떤 결혼을 해야 한다는 답은 없다. 따라서, 어떤 결혼은 하면 안 된다는 답도 없다. 그 답은 여러분이 스스로 만드는 것이다.

5. 사랑하는 사람의 결혼을 반대하는 것은 사랑해서 가능한 일이다

대표적인 가스라이팅 멘트이다. 사랑한다는 말의 뜻이 뭘까? 이것에 답을 내리긴 힘들지만, '이 사람을 내가 사랑하는가?'를 판단할 수 있는 좋은 판단 기준은 있다. 그 사람이 행복하다는 이유로 내가 행복하다? 그럼 사랑한다는 뜻이다. 반대로, 그 사람이 행복한데 내가 행복하지 않다? 그 사람이 행복한 걸 보니 걱정되고 답답하다? 가짜 사랑이다. 집착이다.

자식이 애인과 행복하게 시간을 보내는 모습을 보고 많은 부모가 불행감을 느낀다. 이것은 사랑하는 감정이 아니다. 소유하려는 집착 욕구에 가깝다. 물론 괜찮다. 부모는 신이 아니다. 부모도 유치한 감정을 가진다. 문제는 유치한 감정을 신성화할 필요가 없다는 것이다. 집착을 집착이라 인정 안 하고 부모의 신성한 사랑이라고 말하면서 문제는 발생한다. 부모도 사람이고 민망하고 창피한 감정들을 가진다고 스스로 인정할 용기가 없다. 그러니, 이상한 말에 속기보단, 부모님의 완벽하지 않음을 받아들여라. 사랑한다면, 신뢰하고 존중하게 된다는 사실을 기억해라.

6. 시부모님 될 분들이 반대하는 것에 대해선 내가 할 수 있는 일이 없다

내 수강생 중에는 상대방 부모님을 설득하기 위해 배우는 분들도 있다. 이분들은 할 게 없는데 사서 고생한 게 아니다. 경서(익명) 님은 오히려 주체성 트레이닝을 시작하고 몇 주 뒤에 친구가 이렇게 말했다고 한다. "경서야! 요즘 너 뭐 해? 왜 이렇게, 여유롭고 뭔가 세진 거 같지…?" 당연히 자기 인지력, 자기 조절력을 키우면, 대인 관계력으로 환산될 수밖에 없다. 그런데도 여전히 많은 분들이 상대방 부모님이 반대할 때, 자신이 문제 해결에 나서는 것을 많이 두려워한다. 노력의 필요성과 영향력을 부정하고 회피하고 포기한다. 하지만, 누구보다 결혼을 원하는 분들이었다. 이런 경우, 안타깝게도 시댁 공포와 혐오로 이어진다. 문제 해결을 할 수 있다는 자기 자신에 대한 믿음이 없는 경우, 주변 사람들에 대한 혐오로 이어진다.

물론, 이 문제에 '당사자 대신 나서라'라는 말이 절대 아니다. 당사자는 자기 부모님과 투쟁하며 살길 찾아서 갈 것이다. 하지만, 나는 당사자와 다른 입장이다. 그가 노력해서 독립한다고 자동으로 내가 성인으로서 준비가 끝나진 않는다. 시부모님, 처가 어른들이 오히려 만만한 나에게 찾아와서 어떤 간섭을 할지 모르는 것이다.

'내 행복을 찾으러 지금 일어날 것인가'의 문제는 나만이 해결할 수 있다. 그들한테 문제 해결을 바라고 상처받고 방 안에 들어가서 우는 것, 그만하자. 결혼하고 나서도 상대방이 내 행복의 주도권을 잡는 것, 방지하자. 내 행복의 주도권은 내가 지켜야 한다. 상대 부모님 반대에 맞서는 나의 주체성은 나밖에 못 기른다. 이어질 챕터에서는 행복 주도권을 잡는 방법에 대해서도 알려줄 것이다. 여러분의 행복 주도권이 여러분의 앞으로의 시댁 생활을 결정한다. 이 책에서 이 내용이 여러 번 나오는 데에는 이유가 있다. 결혼을 통해 배우자에게 절대 행복을 위탁하지 마라. 순식간에 관계 주도성은 날아가 버린다.

7. 결혼은 돈이 중요하다

    많은 사람들이 이 논리에 절망한다. 특히 여자 분들은 엄마가 남친의 직업에 대해서 비관적으로 말하고, 창피해하면 이 감정에 쉽게 동화된다. '그러고 보니 직업이 그렇게 좋진 않지…? 엄마 말대로 남친 직업 때문에 불행해지면 어쩌지?' 이럴 때 우린 정신 차려야 한다! 그 따위 마인드로는 결혼 생활도 행복할 수 없거니와 내 인생의 주인도

왜 당신은 부모를 위한 결혼을 하는가

못된다. 여러분 인생의 행복은 남친 직업이 정해줄 것이니까. 내가 행복의 주인이 아니니까!

정신이 든다면 결혼에서 돈이 중요하다는 개소리는 그만해라. 다음 격언을 가슴에 새기면서 말이다.

"결혼에서 재물을 논함은 오랑캐의 도이다."　　　　**명심보감**

"결코 재산 때문에 결혼하지 말라. 돈 따위는 훨씬 싸게 빌릴 수도 있다."　　　　**스코틀랜드 격언**

돈이 고프면 결혼하지 말고 사업을 해라. 그게 더 싸다.

8. 결혼은 상대를 잘 골라야 한다.

여러분 중에는 아직 이 나이에도 수능 신화를 믿는 사람이 있는지 모르겠다. 여전히 인생을 이런 한방이 결정하는 게 가능할까? 대학교, 학과, 네임 밸류들, 그것이 인생에서 모든 걸 결정힐 것 같나는 착각에 우린 빠지곤 한다.

꽤 통찰력이 있다면 깨달았을 것이고 그게 아니더라도, 이 나이쯤 왔으면 뭔가 이상하다는 것은 느꼈을 것이다. 우리는 선택의 순간 눈앞의 이익에 민감해진다. 이것은 머슴들, 하인들이 가지는 마인드다. 자신에게 선택의 순간이 몇 번 없기 때문이다. 길게 볼 안목이 없기 때문이다. 그러면 한두 번의 선택으로 인생을 바꾸려는 집착이 심해진다. (복권, 도박, 코인에 미친 사람들을 떠올리면 된다)

역사적으로 새로운 시대를 열었거나, 존경받는 리더들은 어떤가? 세종대왕, 이순신, 벤자민 프랭클린, 간디, 예수님, 부처님… 그들이 선택, 뽑기의 명수들이었을까? 그들은 선택에 집착하지 않는다. 오히려, 선택의 순간도 남으로부터 주어지는 것이 아니라 본인이 유리한 판을 깔아서 만들어 내는 것이라는 사실을 잘 알고 있다. 내가 선택할 순간을 내가 만든다. 이것이 '주인'들의 특징이고 주체적 마인드의 결과물이다. 잘난 사람을 고르려고 하지 말고, 내가 먼저 성숙한 사람이 되어라. 그러면 급에 맞는 사람들끼리 서로 매력을 느끼고 서로 땡긴다. 이 명언을 꼭 기억하자.

"결혼에서의 성공이란, 단순히 올바른 상대를 찾음으로써 오는 게 아니라 올바른 상대가 됨으로써 온다." 브리크너

9. 주변 지인들이 반대한다면 결혼하면 안 된다

한국과 같은 유교 국가에서 부모 욕은 신성 모독이다. 여러분이 만약에 친구한테 '우리 엄마 아빠가 말도 안 되는 이유로 반대해.'라고 얘기한다면 친구 입장에서 어떨까? 친구 부모님을 같이 욕하면서 '너무하네! 뭣도 모르면서!!'라고 하기 쉽겠는가? 당연히 어렵다.

주변 사람들 반응	실제 결혼 생활	반응	충고자가 받는 피해
찬성	성공	뭐 당연한 행복이지~	X
	실패	아니 결혼하라며!	O
반대	성공	내가 맞았네~^^	X
	실패	하…. 말 들을걸….	X

그리고 주변 사람들의 입장도 생각해보자. 만약 '결혼해! 나는 찬성!'이라고 생각 없이 답했다가, 잘 안 돼서 헤어졌거나, 이혼하면, 이거얼마나 민망한 일인가? 관계 지향적인 한국 문화의 맥락을 생각해본다면, 주변 사람들이 당신과 별 탈 없이 지내길 원할 때, 부모님 편을 살짝 드는 듯한 제스처를 취할 수밖에 없다. 그래야 안전하기 때문이다. 위 표를 보자. 겁쟁이일수록 안전한 '반대'에 베팅할 수밖에 없다. 이런 입장 차이를 이해하고 존중해야 여러분은 현명한 가정의 리더가

될 수 있다. 메시지에 집착하지 말고 맥락을 이해하자.

10. 부모님이 결혼식장에 꼭 입장해야 한다

부모님과 긍정적인 관계를 맺고 좋은 마음으로 맞춰드리고 싶은 마음은 잘 알겠다. 하지만, 그렇다고 부모님이 결혼식장에 들어와야 한다는 생각은 정말 어린 생각이다. 한번 생각해보자. 우린 이 책을 읽으면서, 나의 결혼할 자유, 나의 주체성에 대해서 공부하고 단련하고 있으면서, 부모님이 결혼식에 들어오지 않을 자유는 왜 존중하지 않는가? 결혼은 내가 하고 싶은 사람이랑 내 맘대로 하면서 부모님은 결혼식장에 안 들어오면 안 된다? 말이 안 된다. 가정의 리더가 되려면, 가족 내 구성원들이 납득이 가는 원칙과 가치관에 따라 움직여야 한다. 이런 내로남불 식의 생각은 당연히 신뢰를 얻을 수 없다. 결혼은 통보해드리고 결혼에 대한 세부적 의견을 수용하면 된다. 그러고, 협조 요청을 하는 것이다.

11. 좋은 결혼이라는 게 따로 있을 것이다

내가 결혼 반대 상담을 만들기 전에 먼저 시장 조사를 한 적이 있다. 달리 대단하게 하는 건 아니고, 카페에 가입해서 사람들이 어떤 고민을 가지는지, 어떻게 결혼하는지 알아보고 싶었을 뿐이다. 그런데, 하루는 갑자기 모르는 번호로 전화가 왔다.

"저희 ○○인데요~ 카페 가입하셨죠?"
"네…?"

처음에는 카페 가입자에게 전화 돌리는 시스템이 있는지도 몰랐다.

"아 네…. 얼마 전에 가입한 카페인데, 거기 결혼 정보 회사였나요?"
"아 모르셨군요~"

결혼 고민 카페인 줄 알았는데, 결혼 정보 회사에서 운영하는 카페였다. 사실 나는 결혼 정보 회사를 사용할 이유는 없었다. 그때만 해도 여자친구랑 9년째 사귀는 중이었고, 몇 달 뒤에 결혼 준비를 시작할 참이었다.

"저 직업은 공무원이고, 9년 사귄 여친 있어요~"

사실 그땐 공직이었으니 공무원이 거짓말은 아니었다. 대충 하고 끊고 싶은 마음뿐이었다. 하지만, 해당 업체의 고객에 대한 집념은 대단했다.

"공무원 어떤 직렬이에요?"
"공중 보건 의사요…."

솔직히 이런 것까지 대답해야 하나 싶었다. 그런데, 놀라는 눈치였다.

"아니! 의사 선생님이면 미리 말씀하셨어야죠!!"
"네…?"

그때의 순진무구한 나는 몰랐다. 결혼 시장에서 남자 의사가 얼마나 잘 팔리는지…. 왜 결혼 정보 회사와 부모님들이 의사 아들에 열을 올리는지를…. 하지만, 여기서 끝이 아니었다.

"어차피 대학교 때 연애 감정으로 만난 여자랑 결혼할 것 아니잖아요? 9년이면 오래 만났네요. 결혼감을 잘 골라서, 좋은 집안의 여자랑 결혼해야죠~"

'와⋯. 연애하고 있는 사람에게 서슴없이 이런 말을 던진다고?'

이게 결혼 시장의 현실이다. 이 특정 결혼 정보 회사만 이런지는 나도 모른다. 다만 이건 알고 있었으면 좋겠다. 대한민국은 전 세계에서 손꼽히는 거대한 결혼 정보 회사들 보유국이고, 이걸 먹여 살리는 건 결국 우리 사회 구성원들이다. 이들만 악인이라고 말할 수 없다. 나한테 이렇게 부끄러운 줄 모르고 내뱉는 말들은, 이런 식으로 해서 어마어마한 돈을 이때까지 벌었다는 방증이다. 이들은 여러분의 결혼이 여러분들 마음에서 우러나오는 주체성이 아니길 바란다. 세상 사람들의 눈치와 부모님의 기대를 충족시키기 위해서 결혼하길 바란다. 그래야, 결혼할 시기에, 서로의 조건을 따져대며, 연애에 실패하고 결혼 시장에 조건 따지러 모여들기 때문이다.

좋은 결혼이라는 건 없다. 나한테 맞는 사람이 있을 뿐이다. 결혼을 덕 보려고 절대 하지 마라. 결혼은 무조건 손해다. 결혼은 '이 사람이라면 손해 보는 재미로 살고 싶다!' 할 때 하는 것이다.

질문

나는 결혼에 대해 어떤 편견을 가지고 있었을까?

왜 당신은 부모를 위한 결혼을 하는가

2

부모님은 완벽할 거라는 환상

1. 자식에 대해 부모님은 무조건 도덕적으로 옳다

　한국 사회의 재밌는 특징 중 하나는 부모라는 타이틀을 달면, 면책 특권이 있다는 것이다. (관습적으로 말이다) 남을 때리는 행위를 예를 들면, 폭력적인 인간도 부모로서 자식한테 한 것이라면 훈육이라는 감형 사유가 붙는다. 비속 범죄는 일반 범죄지만 존속 범죄는 가중처벌 된다. 금전적 착취, 사생활 침해, 스토킹 범죄 역시 부모임이 밝혀지는 순간 경찰들은 사건 접수도 잘 시켜주지 않는다. 죄를 면한 사람이 된다. "자기 자식을 사랑하지 않는 부모가 어딨니"라는 한 문장으로 그들의 죄를 면해준다. 우리 사회 전체가 부모는 무조건 옳을 것이라는 착각에 빠져 있다.

부모님도 사람이다. 얼마든지 실수하고, 얼마든지 도덕적으로 타락한다. 여러분은 도덕적으로 죄를 지은 사람들이 아니다. 부모가 자식을 길러내는 것은 의무다. 대부분 현대 국가들이 그것을 법적으로 정해놨고, 모든 자연 생태계가 그것이 자연스러운 것임을 보여준다. 하지만, 자식이 부모 말을 무조건 수용하는 것은 법적으로 정해져 있지 않다. (미성년자의 보호자 관계는 예외다) 자연 생태계에도 그런 일은 없다. 특히 자신의 짝을 찾는 일에 부모가 와서 훼방 놓는 종은 호모 사피엔스가 유일하다.

2. 부모님이 더 살았으니 우리보다 무조건 현명하다

말했지만, 오래 살았다고 반드시 현명해지지는 않는다. 현명한 사람들은 대부분 오래 산 분들이지만, 오래 살았다고 현명해지지는 않는다. 그들에게 권위를 부여하고 따르기보다는, 첫 번째 문을 열었던 것처럼, 건강하게 비판해보고 계속 고려해보는 것이다. 이렇게 나이가 들어야 여러분도 나중에 현명한 어르신으로 늙는다. 무조건 따라가면 주체적으로 생각하는 힘이 길러지지 않는다.

3. 나이 많은 사람의 말을 따르는 것은 당연하다

위 명제에 연장되는 사회적 편견이다. 우리에게 연장자를 우대하는 문화가 있는 것은 사실이다. 그리고 우린 그것이 자랑스러운 문화라 생각하고 산다. 그들이 경험과 지혜가 평균적으로 더 높을 것이라는 기대치도 나름 일리가 있다. 하지만, 그렇다고 해도, 왜 아직도, 나이 많다는 이유로 말을 들어야 할까? 바쁘게 바뀌는 현대 사회에서 어른들이 못 따라온다고 투덜거리기만 하고 정작 어른들의 허락 아니면 맘 편하게 못하는 우리들이었던 건 아닐까?

우리도 정신 차리자. 우리는 선택에 대한 공포를 안고 산다. 이것을 연장자가 대신 이 공포를 안고 살아줬으면 하는 욕망이 있다. 대신 결정해 달라는 것이다. 그것이 바로 '허락'으로 나타난다. 그리고, 그 욕망을 이 한국 사회는 절묘하게 이용한다. 부모님 말씀 안 듣다가 패가망신한 이야기들을 자랑스럽게 훈육이랍시고 내뱉는다. 그리고 우린 부모님 무릎 밑에 있음에 안심한다. 선택으로부터 도피하고 인생으로부터 도망친다. 나이 많은 사람의 말들을 듣고 싶은 것 또한 어린애 심리라는 걸 잊으면 안 된다. 성숙한 사람들은 비판적으로 듣는다.

4. 우리 부모님은 절대 안 변한다

이것 또한 굉장히 흔한 왜곡된 신념이다. 인간이라는 존재는 변하기 나름이고, 특히, 주변 사람들의 영향을 지대하게 받는다. 그게 아니라면, 왜 한국 사람들끼리 비슷한 생각을 하고 그다음 일본 사람이랑 비슷하고, 남미 사람이랑은 이렇게 다른가? 독립적인 인간들이라면 온 지구에 80억 명이 6개 대륙에 골고루 유교적인 생각을 해야 하는 것 아닐까? 그만큼 말이 안 되는 주장이다. 사람은 주변 사람에 따라 얼마든지 변한다.

우리 부모님은 절대 안 변한다고 굳게 믿는 사람들은 사실 한 가지 특징이 있다. 바로, 이 문제에 대해 겁이 많다는 것이다. 겁이 많은데, 그걸 인정할 용기조차 없을 정도로 겁이 많다. 그러면, 사람 뇌에서는 무슨 심리가 일어나느냐면, 내가 겁이 많다는 사실을 감추기 위해 새로운 사실을 만들어 낸다. 그게 바로, 포기해야 할 합리적인 이유들이다. 그중 하나가 '우리 부모님은 절대 안 변하니까, 내가 포기한다! 내가 겁이 많아서가 아니다!! 부모님이 고집불통이라 그렇다!!'라고 무의식이 외치는 것이다. 용기 내자. 별 것 아니다. 생각보다 한국 부모님들은 자식들의 영향을 많이 받는다. 이왕이면, 우리가 긍정적인 영향력을 끼쳐드리자.

질문

나는 부모라는 존재에 대해 어떤 환상을 가지고 있었을까?

3

반대하는 결혼을 해야 하는 이유

우리는 주변으로부터 숱하게 '네가 잘못 생각하는 걸 수도 있잖아?'
라는 느낌의 충고를 받는다. 나는 여러분에게 반대의 충고를 해주고
싶다. '여러분이 잘못 생각했다는 증거를 가져와 봐라.'

1. 내 짝은 내 눈에만 보인다

짝을 찾는 행위는 지극히 생물학적인 활동이다. 하지만 우린 인간이
기에 생물학적인 활동에 인격적인 완성을 가져가려는 욕구가 추가된
다. 그렇게 되면 인간의 짝 찾는 행위는 아주 복잡다단한 욕구 활동이
된다. 이건 무슨 말이냐면, 여러분이 의식적으로 한다고 되는 것이 아

니다. 어느 날 내가 남자를 좋아하는 게 낫겠다는 생각이 들어도 남자가 좋아지지 않는다. 여전히 여자가 끌린다. 아무리 인간의 탈을 덮어쓰고 있다고 해도, 여러분 마음에 드는 사람은 논리적으로 따져서 정하는 게 아니다.

결혼 정보 회사에서 연봉, 직업, 부모님 재산, 점수를 따진다 해도 여러분의 이상형은 절대 나올 수가 없다. 의식이 아니라 무의식이 어느 정도 처리를 해줘야 한다. 그 무의식은 감정으로 나타난다. 그게 여러분이 '사랑'이라는 감정으로 느끼는 것이다. 사랑하는 사람과 결혼해야 한다는 것은 낭만적인 사상이 아니라 무의식의 시스템이 더 정확한 판단을 할 수도 있다는 측면에서, 과학적인 근거다. 무의식의 특징은 네 번째 문을 열면서 알려주겠다.

2. 제삼자들은 결정을 못 해준다

앞에서 '주변 사람들의 충고 알고리즘 표'에서 봤듯이 제삼자들은 객관적인 말을 해줄 수가 없는 상황이다. 주변 사람들이 내 사람에 대해 왈가왈부하는 것이 썩 도움이 안 된다. 반대 의견을 표명하는 것 자체가 방어기제이기 때문이다. 아, 물론, 주변 사람들이 볼 때 혀를 쯧쯧

차게 되는 치기 어린 미성숙한 사랑의 존재를 외면하려는 것은 아니다. 분명, 이 책이 무색할 정도로 이상한 커플들이 세상에 존재한다. 하지만, 그들이 이상한지 아닌지는 감히 삼자가 함부로 평가할 수 없다. 왜냐하면, 삼자들이 틀리는 경우가 꽤 많기 때문이다. 시간만이 평가해줄 수 있다. 커플들이 충분히 시간을 두고 성숙할 수 있게 기다려줘야 한다.

3. 주변 사람들이 틀렸다는 것을 증명해내라

미래는 모르는 것이다. 특히 그것이 내 인생에 대한 미래라면, 어차피 내가 어떻게 하느냐에 따라 달라지는 것이다. 주변 사람들이 '그런 결혼은 하면 안 되는 결혼'이라고 아무리 가스라이팅을 한다 해도, 내가 그들이 틀렸다는 것을 증명해내면 된다. 주변 사람 원망하고 앉아 있을 시간에 일어나서 가서 사랑하는 사람 한 번이라도 더 안아주고 한 번이라도 더 눈 마주쳐라.

세상에서 나만 틀린 것 같을 때가 있다. 내 여자친구가 좋은 사람이라는 확신을 가지고, 이 사람이라면 너무나 잘해주고 싶은 그 열정이 있고, 앞으로 변할 수 있는 그 감정 앞에 겸손할 용기만 있다면 나는 더 필요한 게 없을 거라 믿었다. 그러고 얼마 인생 살지 않았지만, 부모님과 가족들의 염려는 틀렸다는 것을 증명해냈다. 나는 그들의 염려와 다르게 이 여자가 너무 좋은 사람이라는 것을 발견해낼 안목이 있었고, 우리 가족들이 행복감을 느끼게 도움을 줄 수 있었다. 무엇보다 이 행복한 결혼 생활에 너무나 커다란 기여를 하고 있는 여자다. 이 사실은 나밖에 증명해낼 수 없다. 내 건 내가 챙겨야 한다.

4. 부모님 마음에 들면 그게 이상한 거다

내 남친, 여친이 50, 60 넘은 부모님 취향에 맞으면 그게 이상하지 않을까? 부모님 눈엔 당연히 내 자식이 최고다. 부모님은 그냥 내 아들, 딸 믿고 가는 것뿐이다. 부모님들이 대리 연애를 하지 않는 이상 이 사람의 진면목은 알 수가 없다. 오래 사셨으니까 알 수도 있지 않냐고? 오래 살았지만 연애도 안 해본 부모님보다 결혼 생각까지 하며 열심히 연애해온 우리가 상대를 보는 안목이 더 없다면 그건 진짜 문제인지도 모른다.

5. 주변 친구, 친척들은 사실 결혼 반대 문제에서 나를 구해 줄 용기가 없다

가족 간에 정서적으로 위기감을 겪었다면 주변 사람들에게 도움을 요청하게 될 것이다. 그리고 실제로 도움을 받았다면 정말 다행이다. 하지만, 슬프게도 대한민국 사회는 여러분을 부모 자식 관계의 틀에서 벗어나 한 오롯한 개별적인 인간으로 봐 줄 생각이 없다. 당신은 태어나서 죽을 때까지 누군가의 '자식'이다. 그 프레임에 갇혀 여러분은 앞서 당한 부적절한 일들에 쓸데없이 '애같이 불평불만 하는 배은 망덕한 놈'이 될 뿐이다.

솔직히 말해, 유교 국가에서 '부모 비판'은 신성 모독으로 받아들여진다. 여러분이 친구 입장이라면, 남의 부모 같이 욕해 주는 게 쉽겠는가? 굉장히 불편하다. 주변 사람들은 여러분을 구해줄 용기가 없다. 그러니 해주는 얘기가 그냥 '네가 참거나 이해해라.'이다. 여러분이 한 번 더 상처 입는 이유다. 주변 사람들에게서 인생의 답을 찾지 마라. 그들은 여러분의 선택에 책임져 줄 용기가 없다. 그래야 할 이유도 없다.

6. 반대 자체가 문제가 아니라 정서적 독립이 문제다

연애 고민은 다른 고민과 다르게 고통이 오래간다. 왜냐하면, 시간이 지남에 따라 어느 정도 일이 정리되는 취업 고민, 성적 고민, 부서 이동 고민과 달리 내가 가만있다고 아무것도 해결이 안 되기 때문이다. 아이러니하게도, 이런 특징 때문에 대부분 후회할 선택들을 많이 한다. 현명한 선택을 하기보단, 지금 당장 고민에서 빠져나오고 싶기 때문이다. 나중에 가서야, 길게 보면 자기 자신에게 안 좋았다는 사실을 알게 된다.

채연(가명) 님은 결혼 반대 사유로 나를 찾아온 수강생이다. 이 분은 부모님의 결혼 반대가 이번이 처음이 아니었다. 이전 남친도 반대했고, 전전 남친도 반대를 했었다. 반대의 이유는 놀랍게도 다 다르다. 직업이 교사면 남자답지 못하다고 반대하고, 직업이 좋으면 관상이나 사주로 핑계 댄다. 그래서, 좋은 사주 풀이를 가져와서 보여드리면 그땐, 쳐다도 안 보신다고 한다. 그리고는 다음과 같은 말을 되풀이하셨다.

'네가 뭘 몰라서 그렇다. 살아 본 엄마 아빠가 더 잘 안단다.'
'결혼할 것 아니면 헤어져라. 결혼은 현실이다. 좋아하는 마음으로

되는 게 아니다.'

'네가 콩깍지가 씌어서 그렇다. 정신 차려라.'

'아직도 안 헤어졌니? 헤어져라. 지켜보고 있다.'

이 분의 경우에는 왜 이런 불행을 여러 번 겪었을까? 바로, 부모님의 반대 자체가 문제라고 생각했기 때문이다. 그건 원인이 아닌, 원인으로 인해 나타난 증상일 뿐인데, 그것에 집착했기 때문이다. 결국 핵심적인 문제는 정서적 독립이다. 정서적 독립을 하지 못했기에 그게 발병 원인이 되어 부모님의 반대가 문제로 나타난 것뿐이다. 채연 님뿐만이 아니다. 이런 케이스를 꽤 많이 본다. 이 핵심 문제를 연인이 가진 조건의 문제라고 스스로 축소시키고, 가볍게만 생각하고 넘어갔기 때문에, 다음번에 또 이런 일을 겪는 것이다. 부모님이 주장하는 피상적인 이유는 진짜 이유가 아니다!

7. 부모님은 사실 결혼 반대를 이렇게까지 하고 싶지 않았다

내가 결반모라는 카페를 운영하는 이유이기도 하다. 부모들이 마냥 여러분을 착취하고자 하는 악인이었으면 이런 번잡한 논의 따위는 필요 없다. 싸우고 연락 차단하고 결혼하면 끝이다. 하지만, 실제 세상은 그렇게 심플하지 않다.

부모님들은 이러고 싶지 않았다. 그걸 어떻게 아느냐고? 주체성 멘탈 트레이닝 졸업 수강생들을 보면 알 수밖에 없다. 용규(익명) 님은 결혼 반대를 이겨내고 결혼 후에 오히려 부모님과 더 사이좋게 지낸다고 한다. 이런 말을 나한테 남겼다.

"이걸 기회로 삼지 않았으면, 저는 엄마 아빠와 이렇게 편하게 지낼 수 있다는 걸 모르고 죽었을 거예요." 나의 부모님도 마찬가지다. 결국엔 잘 지낼 거면서 왜 이 난리를 쳤단 말인가?

8. 본인들도 왜 이렇게 간섭하고 싶은지 잘 모른다

대한민국 부모는 우리 기대보다 상당히 미숙하다. 정서적으로 말이다. 그래서 본인이 왜 그러는지 본인들도 모른다. 우리 문화는 부모가 미숙해도 자식에 대해 사랑이란 이유로 집착하면 괜찮다고 여긴다. 우리들도 부모가 되면 비슷해질 수 있다. 같이 미숙해지지 말자. 여러분은 '주인'이 되면 된다! 그리고 모르면 배우면 된다! 그리고 개선하면 된다!

부모님들에게 자꾸 이유를 구하려고 하지 말자. 본인이 왜 화났는지 모르는 사람에게 '왜 화났어?'라는 말은 더 화만 돋울 뿐이다. 여러분이 그들의 심리, 그들과 소통하는 방법, 주체적 마인드를 배워서 존경받는 리더들처럼 다가가야 할 뿐이다. 가정의 리더 마인드와 대처 방법을 배워야 한다. 자꾸 동의를 구하지 말자! 결혼은 협조를 구하는 영업이다!

9. 부모님은 내 결혼에서 이해당사자다. 객관적인 판단을 할 수 있는 삼자가 아니다

여러분도 이 사실을 외면하고 싶을 것이다. 부모는 나를 사랑하고, 객관적으로 판단해줄 지혜를 가진 분이길 기대했을 것이다. 아니면, 사랑으로 내 편이 되어줄 것이라 생각했을 것이다. 하지만, 현실은 그렇지 않다. 이때까지 여러분의 인생에서 대부분의 일들은 부모와 여러분이 같은 이익을 공유했을 뿐이고, 결혼은 여러분과 부모의 이익이 갈라지는 대표적인 사건일 뿐이다. 인간은 각자의 이익을 최우선으로 생각한다. 경제적인 이익이 아니라 정신적인 이익 말이다. 부모도 여기서 자유롭지 못하다. 이걸 받아들여야 어른이 된다.

10. 정서적 독립은 마인드셋의 문제다

결국 돌아오면 이 한 문장이다. '주인 마인드셋의 문제'이다.

머슴들은 자기 자식을 머슴으로 키워낸다. 주인은 자기 자식을 주인으로 키워낸다. 이들의 차이는 마인드다. 머슴이 제아무리 "공부해서 좋은 대학 나오고 주머니에 돈이 많아지면 떵떵거리고 살 수 있어"라고 교육시켜 봤자. 아무리 서울대 나오고 의대 나와봤자, 마인드의 변화 없이는 결국 머슴이다. 나 또한 마찬가지였다. 나처럼 한양대 의대 나온다고 해서 리더의 마인드를 갖추지는 않는다. 돈 잘 버는 머슴일 뿐이다. 마인드셋이 똑같다면 돈에 허덕이면서 병원장 눈치 보고 사는 건 똑같다. '그럴싸하게 돈 잘 버는 노예들'이 많은 세상이다. 여러분은 주인으로서 결혼했으면 좋겠다.

나는 반대하는 결혼을 할 이유를 몇 가지나 가지고 있을까? 추가한다면 어떤 게 있을까?

4

인정 욕구가 낳은 부작용 5가지

어린 시절 우리는 살아남기 위해서 여러 가지 왜곡된 신념을 만들어 낸다. 예를 들면, 공부 안 하고 놀 때마다 부모님께 혼난 기억이 있다면, "노는 것은 나쁜 것이다."라는 왜곡된 신념을 만들어낸다. 주로 이 왜곡된 신념들은 인정받고자 하는 욕구에서 온다. 그리고, 이 인정 욕구가 적절하게 채워지는 경험을 하지 못하고, 결핍감을 느끼면 인정 욕구에 집착하는 성장기를 거친다. 그러면 이 왜곡된 신념은 더욱더 뒤틀린다. 주체성 훈련에서 사용하는 왜곡된 신념 항목 중에 몇 가지만 알아보자.

⚲ 인정 욕구 부작용

첫 번째, 죄송하다는 말을 입에 달고 사는 경우이다. 이것은, 관계에서 내가 있는 그대로의 존중과 사랑을 받은 경험이 적을 때, 상대의 기분과 눈치를 살피며 말하는 게 습관이 되어 있는 경우다. 죄송할 일이 아닌데 자꾸 죄송하다고 하는 것이다. 무의식적인 신념에는 "사람들은 나를 보고 쉽게 기분 나빠할 거야. 그리고 그건 내 잘못이야."가 있을 수 있다.

두 번째는, 쉬는 날에 마냥 쉬고 있으면 불편하고 답답한 기분을 느끼는 것이다. 이것은, 부모님이 놀고 있는 나를 마음에 안 들어한다는 것을 성장기에 반복 학습한 경우이다. 자신의 필요에 따라서 일하고 쉬는 것보다는, 남들 눈치에 따라 휴식의 허용 여부를 경험하고 있었던 것이다. 이 안에는 "휴식하면 내 가치는 깎일 거고, 결국 인정받지 못하게 될 거야."라는 믿음이 있을 수 있다.

세 번째는 돈 앞에서 침착하지 못하다는 것이다. 침착하지 못한 유형에는 두 가지 스타일이 있는데, 첫 번째는 너무 돈을 등한시하는 스타일이다. 이 경우에는 돈 관리를 회피하며 타인에게 돈 관리를 맡기는 경우가 많나. 두 번째는 돈이 생기는 내로 질러버려야 하는 스타일이다. 양극단의 이 스타일은 돈에 대해 침착하지 못하다는 것과, 돈에 대해 감정적이라는 공통점이 있다. 이것은 어릴 때, 부모님이 돈을 대하는 태도에 영향을 받았을 수 있다. 어린 시절, 장난감을 갖고 싶다고 하면 부모님이 이를 아주 힐난했거나, 또는 장난감을 갖고 싶다는 말에 부모님이 돈 때문에 힘들다며 부담스러워하는 것을 봤을 경우다. 이들은 어렸을 때 원하는 것을 잘 가져보지 못했기에, "돈은 행복과 직결되어 있다."라는 믿음을 가지고 있을 수 있다.

네 번째는 허무감을 자주 느낀다는 것이다. 부모의 기대에 맞춰 살아왔던 시절의 기간이 긴 경우, 허무감을 자주 느끼게 될 수 있다. 남들이 봤을 때는 부러워할 만한 직업이나 가족 관계지만, 나는 무기력함을 느끼는 경우 또한 이에 해당한다. 자신의 욕구와 감정을 무시하고 부모님이나 타인의 기대를 우선시한 시간이 길다면, 내가 진짜 원하던 것이 무엇인지 돌아보는 능력이 떨어진다. 이는 전대상회(ACC)라는 뇌 부위가 발달되지 못했기 때문이다. 이 부분을 자꾸 써줘야 나를 파악할 수 있다. 진짜 내가 원하는 삶이 무엇인지 지금이라도 돌아보자.

다섯 번째는 반복되는 연애 실패다. 이성에 대해 느끼는 경직된 감정은 어린 시절 이성의 부모님과의 경직된 경험에서 기인한다. 아빠와의 관계가 좋지 못하면, 남성과의 관계가 깊어질수록 편안한 감정을 느끼지 못하고, 엄마와의 관계가 좋지 못하면, 여성과의 관계에서 마찬가지로 긍정적 감정을 경험하기가 힘들어진다.

왜 당신은 부모를 위한 결혼을 하는가

이런 왜곡된 신념들을 해결하려면, 먼저 이런 부정적인 감정들에 대해 하나씩 객관화시키는 작업들이 필요하다. 스스로 비판한답시고, 무조건 틀렸다고 해도 안 되고, 그렇다고 무조건 맞다고 합리화해서도 안 된다. 어디까지나 관점에 따라 일리가 있을 수도 있고, 아닐 수도 있다. 이런 식으로, 관점을 바꿔가면서 입체적으로 보는 훈련을 하면, 어린 시절 인정 욕구로부터 비롯된 나의 타성들을 많이 녹여낼 수 있다. 예를 들면, '쉬는 날은 쉬어도 된다.'라고 생각하는 시간을 가져보고, 반대로, '쉬는 날 안 쉬는 것도 괜찮다.'라고 반대 급부의 생각이 일리가 있음을 깨닫는 시간을 가져본다. 결혼하기 전에 예비 신혼부부들은 한 번씩 다들 해보길 추천한다. 아들러의 한 마디를 기억하면서 말이다.

"나는 타인의 기대를 충족시키기 위해 살고 있는 게 아니다."

알프레드 아들러

질문

내가 스스로를 가뒀던 인정 욕구가 있다면 무엇인가? 그로 인한 부작용을 겪었다면 무엇이 있을까?

당신의 세 번째 독립문을 열기 위한 핵심 열쇠

1. **결혼에 대한 왜곡된 편견을 버려라**

   • 결혼은 답이라는 결과가 아니다. 답을 찾는 과정이다

2. **부모님에 대한 판타지를 버려라.**

   • 부모는 신이 아니다. 당신이 결정해야 한다

3. **반대하는 결혼을 해야 하는 본인만의 이유를 세워라**

4. **인정 욕구가 내 성격에 남긴 흔적을 찾아라. 그리고, 객관화를 통해 녹여내라**

왜 당신은 부모를 위한 결혼을 하는가

네 번째 문:

통제력을 키워라

✿✿✿✿✿✿✿✿✿✿✿✿✿✿✿✿✿✿✿✿✿✿✿✿✿✿✿✿✿✿✿✿✿✿✿✿

"그 누구도 내 허락 없이 나에게 상처 줄 수 없다."   간디

1

남의 감정에 기웃거리면
생기는 일

이제 4단계에서 우리는 독립적인 인간으로서 존재하는 법을 배울 것이다. 그러려면, 독립적인 사람으로서 세상을 보는 관점, 독립적인 사람으로서 느끼는 감정들을 배울 것이다. 거기에 앞서서 아주 중요한 개념을 하나만 짚고 넘어가자.

『미움받을 용기』에서는 아들러의 '과제의 분리'라는 개념을 설명한다. 나와 타인의 과제를 분리한다는 것이다. 그래서, 나의 과제에 최선을 다하고 타인의 과제에 간섭하지 않는다는 것이다. 예를 들어보자. 부모님은 아들이 결혼하는 꼴이 속 터진다. 이건 누구의 과제일까? 답부터 말하자면, 결혼은 아들의 과제고, 아들의 결혼 보고 감정을 추스르지 못하는 것은 엄마의 과제이다. 누구의 과제인시는 이렇게 판단하면 된다. '결과를 누가 받아들이고 책임져야 하는가?' 결혼의 결과는 아들이 받아들여야 한다. 만약 그 여자와의 결혼 생활이 순탄치 않다면 그건 아들 본인이 책임져야 하는 인생의 과제라는 것이다. 그런데, 그런 아들을 보고 스트레스받는 감정은 엄마가 받아들이고 책임져야 한다.

어쩌면, 과제의 분리는 우리 한국 사람들한테 익숙지 않은 개념이다. 특히, 사랑하는 관계, 가족 관계에서 과제의 분리는 죄책감마저 느껴진다. 하지만, 첫 번째 관문에서 봤듯이, 오늘날 한국의 가족 관계가 시대에 뒤처진 이유는 바로 이 과제의 분리를 못해서 그런 것도 있다. 심지어 한국 사회는 남의 과제에 간섭하고 거기에서 극단적인 감정을 느끼는 걸 즐기기도 한다. 또 한국에서는 이런 감정을 정의감이나, 부모로서의 책임감이나, 가족 같아서, 라는 이름을 붙여준다. 때로는 인류애라는 이름을 붙이기도 한다.

사람 냄새 나는 감정들이지만, 어디까지나 '정도껏' 해야 한다. 과제의 분리를 넘는 수준으로 가면 안 된다는 것이다. 아들의 결혼에 관심 가지고 같이 고민해줄 수 있지만, 이걸로 연 끊겠다고 협박하고 반대해야 직성이 풀린다면 이것은 성인으로서 서로의 선을 넘었다고밖에 표현할 수 없다.

자, 이제 부모님 입장을 했으니 우리 과제도 예시를 하나만 더 들어보자. 엄마가 과제의 분리를 못 해서 내 결혼에 간섭하고 불안해한다면 이건 엄마의 과제다. 하지만, 엄마의 간섭과 불안에 내가 같이 고통받고 불안이 전염된다면? 이것은 다시 나의 과제가 된다.

인간관계에서 정교하게 과제의 분리를 해내는 능력은 중요하다. 처음부터 이것이 잘 되진 않는다. 과제의 분리를 잘 해내는 통찰력 있는 멘토가 옆에 있어 주면 빠르게 성장하는 데 도움이 된다. 나는 부모님 탓, 부모님은 내 탓 하고 있을 때, 옆에 이 사안에 대한 통찰력 있는 멘토가 보고, 내 과제를 잘 분리해서 인지만 시켜줘도 정신이 번쩍 든다.

부처님의 일화를 보면 프로는 과제의 분리를 어떻게 하는지 배울 수 있다. 하루는 부처님이 탁발하러 마을을 거닐다가 한 브라만의 집에 들르게 되었다. 브라만은 지금으로 치면 아주 명망 있는 대기업 CEO나 고위 공무원이라고 생각하면 된다. 부처님이 이 브라만 집에 들어가 브라만에게 먹을 것을 좀 시주해주시면 어떻겠냐고 묻자, 브라만은 쌍욕을 내뱉으며 쫓아내려 했다.

이때, 부처님은 그 욕을 듣고는 씩 미소를 지었다. 브라만은 화를 내며 말했다. "왜 웃는 거요?" 부처님은 말했다. "공의 집에 사람들이 많이 찾아옵니까?" 브라만은 어리둥절한 표정으로 대답했다. "당연하지. 내가 어떤 사람인데." 부처님은 다시 물었다. "그럼 그 사람들이 선물을 가져옵니까?" 브라만은 당연하다는 듯이 대답했다. "아니, 나를 만나려면 빈손으로 와서 만날 수 있겠소?" 부처님은 물었다. "그럼 만약 그 사람이 가지고 온 선물을 당신이 안 받으면 그 선물 누구 거요?" 브라만은 대답했다. "그야… 선물 가져온 사람 것이지요?" 그때 부처님은 물었다. "내가 만약 당신 욕을 안 받아주면 그 욕은 누구 겁니까?" 브라만은 그제야 자신의 부끄러움을 깨달았다고 한다.

부처님은 프로지만, 우리라고 못 따라 할 게 없다. 누군가가 우리에게 던지는 욕이나 비난에 가까운 평가들은 우리가 받을지 말지 결정할 수 있다. 흔히 우리는 욕을 하는 상대방을 쳐다보며 분노하고 같이 욕하기 바쁘지만, 사실 우리의 과제는 우리가 그 욕을 계속 받아준다는 문제다. 남의 과제에 기웃거리지 말고 우리 과제나 잘 쳐다보자. 내 마음의 주인은 나 자신이다.

○ 남의 과제에 기웃거리면 요구적이게 된다

어린애는 자기 일을 남이 대신 결정해준다. 또 어린애는 남들에게 투덜거리고 무언가를 요구하는 존재다. 반대로 어른은 자기 일에 대해 자신이 직접 결정하고, 그 결과를 책임지는 존재다. 또 요구를 하기보다는 오히려 요구를 들어주는 존재다. 예를 들어, 부모님이라 하더라도 '헤어져라!' 이건 요구다. 어른스럽지 못한 요구다. 반면 우리들

입장에서도 '허락해주세요!' 이것도 요구다. 어린애에 머문 투정이다.

주체	요구적 마인드	어른스러운 마인드
자녀	허락해주세요! 하게 해주세요!	반대하고 싶은 마음은 부모님의 자유지만 누가 뭐라든 내가 고민하고 선택해야지.
부모	헤어져라! 하지 마라! 부모 마음을 헤아려라!	헤어지는게 좀 더 이롭다 생각하지만 제시만 할 뿐, 할지 말지는 그들이 결정할 것.

　어쩌면 허락해달라는 우리의 요구 또한, 우리의 불안감에서 생기는 것일지도 모른다. 부모님들은 불안해서 헤어지라고 말하고, 우리는 불안해서 찬성해달라고 한다. 각자, 자기 자신의 삶의 불안을 해결하지 못하고 남한테 나의 불안을 해결해달라고 요구하고 있다. 결국 '나'의 불안도 해결해야 하는 것이다. 그럼 이 불안 패밀리 속에서 우리는 부모님께 어떻게 대응하는 게 좋을까?

　부모님 말씀을 곧이곧대로 듣는 선택지로 가는 경우를 생각해 보자. 헤어지면 당장은 깔끔하다. 만약 상대방을 그렇게까지 사랑하지 않았다면 가능하다. 근데 만약, 헤어진 이유가, 상대방과 나의 깊이의 문제가 아니라 부모님 때문이라면? 그럼 앞으로 다음 연애, 다다음 연애도 부모님이 깊숙이 관여하실 거다. 결혼도 사사건건 조건 내걸고 반대하실 거다. 그때 내 입지는 줄어들어 있을 것이다. 부모님은 학습하

섰기 때문이다. '이 정도로 강경하게 나가면 결국 꼬리 내리는구나!' 이건 부모님께 잘못된 메시지를 전달하게 되는 꼴이고 나 자신에게도 안 좋다. 이 정도 통찰력은 여러분도 이제 생겼을 것이다. 이게 우리가 원하는 삶은 아닐 것이다.

차라리 반항하는 선택지로 가면 어떻게 될까? 내 주체성을 찾은 건 좋다. 다만, 나중에 부모님 원망하고 부모님 탓한다면 이것도 문제다. 왜냐하면, 결국 부모님한테 내 인생의 행복을 요구하는 것과 똑같기 때문이다. 이 시나리오가 바로 다음의 유명한 말이 탄생하는 계기다.

"반대하는 연애, 결혼한 커플들은 나중에 꼭 안 좋더라고~!"

이런 일은 부모님의 뛰어난 혜안 때문에 일어난 일인 경우도 있지만 근본적인 문제는 커플들의 마인드에 있다. 늘 주변의 지지와 응원을 받는 선택지만 선택해서 살다가 처음으로 남들의 반대에 직면했더니 힘든 것이다. 주변 사람들의 미움 속에서도 스스로 일어서고 스스로의 의미를 찾을 줄을 모르는 것이다. 실제로는, 부모님이 반대해서 힘든 게 아니라 원래 연애와 결혼은 난관, 갈등의 연속이다. 그걸 이겨내 가는 과정이 소중한 것인데, 이걸 이겨낼 생각은 없고 남들이 다 응원해주기만을 바라고 있다면 부모님 반대라는 핑곗거리가 있을 때, 깨지기 딱 좋다.

질문

남의 과제를 내 것처럼 움켜쥐고 있었던 것은 무엇이 있을까?

2

노예 인생을 사는 사람들의 특징

우리는 주체적인 삶을 살기 위해 이 책을 읽고 있다. 그러려면 나 스스로 내 인생의 주인이 되어야 한다. 우리는 이제 단순히 비유적인 표현에서 그치지 않고 주인 의식을 그대로 가져와서 내 의식에 주인의 생각 습관을 심을 것이다.

⚭ 주인이 문제를 바라보는 방식

여러분이 어떤 회사를 창업해서 경영한다고 생각해보자. 직원끼리 문제가 생겼다. 형사적인 문제가 될 만한 내용은 없었고 그저 둘이서 싸웠다. 이 둘은 서로가 자신을 피해자라고 하고 쟤가 잘못한 거라고

왜 당신은 부모를 위한 결혼을 하는가

한다. 여기서 회사 대표가 문제를 바라봐야 하는 관점은 무엇일까? 바로, 해결점을 찾는 것이다. '무엇을 해결할 것인가?', '어떻게 해결할 것인가?', '누가 해결할 것인가?', '누가 해결할 수 있나?'이다. 여기서 잘못된 대표의 역할은 무엇일까? 바로 '누가 범인인가?'이다. 대표가 범인 색출하기, 명탐정 놀이하면 회사는 망한다.

국가도 마찬가지다. 사회적 문제가 생겼을 때, 최소한의 사회적 질서를 유지하기 위한 범죄가 아니라면, 범인 찾기보단 어떻게 해결할 것인가에 집중해야 한다. 피해자와 가해자 가르기에 집착하면 사회는 계속 쪼개진다. 그리고, 모두가 피해자가 되길 자처한다. 모두가 먹고 살 만큼 충분히 돈 벌지만, 원하는 외제 차나 명품을 못 산다고 징징거리고 걸핏하면 기분 나빠서 정신과 치료받았다고 위자료 청구하는 나라가 된다. 그리고, 아무것도 해결되지 않은 채, 피해자만 넘쳐난다. 이 사이에서 해결에 관심을 가진 주인 마인드를 가진 사람이 리더가 된다. 이런 마인드를 가진 모범적인 사례가 바로 미국이다.

1985년 8월 12일 전 세계에서 손꼽히는 항공기 사고가 일어난다. 오후 6시 57분경 도쿄 하네다 공항을 출발하여 오사카로 향하던 일본항공 소속 보잉 747 여객기가 도쿄에서 100km 떨어진 타카마가하라 산 중턱에 추락하였다. 이로 인해, 답승 인원 524명 중 520명이 숨졌다. 인류 역사상 최악의 단일 항공기 사고로 손꼽히며, 항공기 탑승객 총

사망 순위 세계 2위에 이름이 올라있다. 이 사고는 사실 이 정도로 사망자가 많을 사고는 아니었다.

비행기 추락 확인 직후 미 공군의 C-130 수송기가 탐색에 나서 20분 만에 기체를 찾아냈기 때문이다. 그리고, 탐색 구조 헬기가 2시간 후에 기체 추락 현장에 도착했다. 즉시 가장 가까운 주일 미군 기지인 요코타 기지에 경보를 발령했고 주둔 중인 미 해병대는 구조 활동을 시작할 수 있도록 일본 정부에 허가를 요청하였다. 하지만, 여기서 일본 정부의 대응은 이해할 수가 없었다. 구조 활동은 자위대의 책임이라며 거절하고 탐색 구조 헬기의 이탈을 요구했다. 여기에 대해서는 여러 가지 루머가 난무한다. 하지만, 제일 설득력을 얻고 있는 이유는, 구조작업에 있어 타국이 개입하면 통솔이 힘들어진다는 것, 그리고, 일본 검찰과 경찰이 수사하기 전, 현장 증거가 훼손된다는 것이다.

이 이야기를 통해 알 수 있는 일본 vs 미국의 마인드 차이를 엿볼 수 있지 않을까. 일본은 '누가 범인인가?'에 수반되는 모든 가치가 우선시되고, 미군은 '어떻게 하면 한 사람이라도 살릴 수 있는가?'에서 출발했다. 일본에서 일어난 일이지만, 우리 사회도 크게 다르지 않다. 세월호 사고, 천안함 사태, 이태원 참사 모두 '어떻게 빨리 해결할 수 있었을까?', '재발하지 않으려면 어떻게 해야 할까?'에 총력을 기울이기보단, '누가 범인인가?'에 광적으로 흥분했다. 우린 가정에서도 이런 사고에 젖어 있다. "너 때문에 엄마가 하고 싶은 거 포기했어.", "너희 아빠 때문에 나는 불행해진 거야.", "누가 이런 거야! 솔직히 말해!" 범인 찾기와 탓 돌리기가 익숙한 문화에 노출되었을 것이다. 탈출해라. 어떻게 하면 행복해질 수 있을까를 끊임없이 고민하라. 우리의 모든 신경은 과거가 아니라 미래로 갈 것이며, 현재 할 수 있는 일로 옮겨 갈 것이다.

⚭ 대접 받는 행복 vs 대접 해주는 행복

우리는 어린 시절 디즈니식 만화들을 보고 큰다. '백설공주', '신데렐라', '라푼젤', '라이온킹' 등등. 이런 스토리들의 공통점이 뭘까? 바로, 주인공이 뚜렷하다는 것이다. 그리고, 모든 일은 주인공 중심으로 돌아간다. 백설공주와 신데렐라가 어떤 질투를 받고, 나가서 어떤 고생을 하는지는 자세히 나온다. 하지만, 그걸 질투하는 왕비는 어떤 트라우마로 어린 의붓딸을 질투나 하는 불쌍한 인생을 사는 수준이 되었는지, 이웃 나라 왕자님은 백설공주에게 키스하기까지 얼마나 힘들고 외로운 경쟁들을 이겨냈는지 따위는 안 나온다.

그러다 보니, 이런 어린 아이적인 세계관에 갇히면, 세상은 주인공이 존재할 것만 같다고 생각하게 된다. 그리고 그 주인공이 자신이 되기 위해서 처절하게 노력한다. 남들에게 대접받고 '떵떵'거리면서 살길 원한다. 그렇게 우리 부모님들 또한, 돈 많고 부러움을 받는 직업의 집안과 결혼해서 자식들이 '떵떵'거리길 원한다. 하지만, 세상은 주인공과 아닌 사람으로 나눌 수 없다. 세상은 만화영화처럼 '대접'받는 게 인생이 될 수 없다. 여러분은 '주인공'이 아니라 '주인'이 되어야 한다.

그럼 주인들은 어떻게 할까? 여기서 '주인'이라는 단어가 어색하면 '리더'로 치환해보자. 예지(익명) 님은 반대하는 부모님에 대한 원망, 내 맘을 몰라주는 남친에 대한 원망이 가득했었다. 하지만, 리더 마인드로 바꾸고 나서, 그들 나름대로의 이유가 있을 것이라는 생각이 들기 시작했다. 내 맘을 이해받아야 한다는 '대접받는 마인드'가 사라지고, 내가 이해하지 못했던 심리적 처지를 이해하는 마인드가 시작됐다. 내가 먼저 이해해주니 공감하는 것도 자연스러웠고, 부정적인 감정에 괴로워하는 시간이 줄어들었다. 그러다 하루는, 엄마가 통화하는 내용을 언뜻 들었다. "요즘 예지가 어른이 된 것 같아~. 아유 내가 너무 애처럼 봤었나봐." 처음에는 귀를 의심했다고 한다. 절대 그런 말하는 엄마가 아니었기 때문이다. 하지만, 내가 대접해주는 행복을 느끼니 선순환이 돌기 시작한 것이다.

현명한 주인들은 대접해주는 행복을 느낄 줄 안다. 내 여자를 공주로 만들면, 나는 이웃 나라 왕자가 되는 것이다. 내 남편을 왕으로 대접하면 나는 왕비가 되는 것이다. 하지만, 주인이 아닌 하인 마인드를 가진 사람들은 남을 짓밟으면서 대접받으려 한다. 남친을 노비 취급하면 본인은 잘되어봐야 향단이다. 여친을 하녀 취급하면 본인은 잘해야 방자 아니면 양아치 수준이다. 부모를 짓밟아 봐야 천민 출생이다. 상대의 급을 높임으로써 본인이 더 얻는 그 재미와 감각을 많이 연습해보자. 부모님이 나를 비난하는 말을 해도, 씽긋 웃으면서 부모님이라는 존재를 알아주는 대화를 해라. 그리고 그것을 존중할 줄 아는 스스로의 성숙함에 자부심을 느껴라. 주인은 상처받지 않는다. 대접해주는 재미가 있을 뿐이다. 나에게 도움 되는 판을 깔 뿐이다.

질문

주변 사람들에게 요구적인 관계가 아니라 베푸는 관계를 맺을 수 있다면, 누구와 어떤 관계를 맺고 싶은가?

3

내 무의식과 접선하는 암호

이 4단계의 통제력을 얻기 위해서 실천적으로 노력해야 할 부분들이 있다. 스스로의 무의식을 자꾸 의식해보는 연습을 하는 것이다. 프로이트는 무의식이라는 개념을 소개했다. 백과사전에서는 무의식을 다음과 같이 정의한다. "일반적으로 각성되지 않은 심적 상태, 즉 자신의 행위에 대하여 자각이 없는 상태." 우리는 빙하를 빗대어 이를 이해하면 편하다. 물에 잠겨 있는 부분이 무의식이다. 얼음은 물에 잠긴 부분이 90%다. 이 말은, 무의식이 90% 부분에 해당한다는 것이다. 무의식이 우리가 의식하는 것에 비해 압도적으로 많다.

왜 당신은 부모를 위한 결혼을 하는가

의식

무의식

⚙ 인간은 무의식의 동물

우리의 온몸에서 온 감각이 대뇌로 들어가기 위해서 지나가야 하는 곳을 뇌간(Brain stem)이라고 한다. 이 부분에는 망상활성계(RAS, reticular activation system)라는 부분이 있다. 이 부분은 대뇌 의식의 영역으로 정보를 올려보낼지, 아니면 그냥 무의식에서 처리할지 결정하는 곳이다. 쉽게 말해 최종 결재자한테 정보를 올려보낼지, 아니면 그냥 아래 기관에서 처리할지, 그걸 결정하는 중간관리자라고 생각하면 된다. 그런데, 우리 뇌는 1초에 4억 비트 이상의 정보를 처리하는데, 이 RAS에서 의식으로 보내는 양은 초당 2000비트에 불과하다. 20만 분의 1만이 의식 시스템에서만 처리되는 것이다. 즉, 우리는 내가 알고 있다고 느끼는 것은 실제로 들어온 정보의 20만 분의 1을 보고 판단하는 것이다.

나머지 99.99999%는 여러분이 의식하기 전까지는 알고 있는 것인지 모른다. 여러분은 부모님께 왜 화가 나는지 모르고, 부모님은 왜 여러분이 인생에서 이런 선택을 한 것에 대해 화가 나는지 모른다. 우리는 우리에 대해 모르는 게 99%다. 단지, 20만 분의 1을 적재적소에 스포트라이트처럼 비출 뿐이다. 그래서 우리는 20만 분의 1의 데이터를 '의식'이라고 하고 이 스포트라이트를 "의식한다"라고 표현한다. 그래서, 의식하는 훈련을 해야, 자기 인지력을 높일 수 있고 통제력을 키울 수 있다.

⚘ 의식하기 훈련

의식하기 훈련의 대표 주자는 명상이다. 요즘 이상한 명상원들이 많아서 부정적인 경험을 한 분들이 나오고 있다. 하지만, 명상 자체는 잘못이 없다. 현대 정신 의학계는 명상에 대해서 과학적인 연구를 적극적으로 하고 있다. 명상은 RAS를 나 스스로의 통제하에 두는 훈련이고 전전두엽(Prefronatal cortex)과 전대상회(ACC, Anterior Cingulate gyrus)를 활성화하는 훈련이다. 명상의 뇌과학적인 효과는 심오하게 들어가면 책 한 편을 따로 써야 할 정도이니, 우리는 주체성을 찾는 데에 필요한 것들을 실천할 수 있는 수준에서만 알아보자.

⚘ 명상 단계별 훈련

나는 명상 훈련을 크게 3단계로 나누어서 진행한다.

Level 1은 이완 훈련으로 이완 명상, 자비 명상을 시킨다. 우리의 뇌는 근육을 흥분시키는 명령 체계만 있고 이완시키는 체계는 없다. 그래서, 이완하는 감각을 따로 훈련하지 않으면, 우리는 흥분, 불안, 분노에서 스스로 회복하는 감각을 가지기 어렵다. 이 단계는 명상 중에서 제일 쉽다. 이완하는 감각만 계속 익히면 된다. 호흡을 조절하며 이완하는 것이 현재까지 알려진 가장 효과적인 방법이다. 심호흡을 하면서 근육에 들어간 힘을 빼보기도 하고, 의지나 감정에 들어간 힘을 빼는 것도 해본다.

Level 2는 집중 훈련으로 호흡 명상, 집중 명상, 바디스캐닝 명상이다. 이완 상태와 함께 이완 집중 상태를 유도하기 위한 훈련이다. 우리는 사람 대 사람으로서 대화할 때, 생각보다 산만하다. 상대가 어떤 마음으로 던지는 말인지, 속마음과 다르게 말하는지를 쉽게 놓친다. 산만한 사람은 쉽게 흥분하거나 자기 말만 하고 공감적으로 들어주는 대화를 잘하지 못한다. 그래서, 이 이완집중 훈련을 하는 것이다.

Level 3은 알아차리기 명상이다. 다른 자극적인 감정에 힘을 뺏겨버리지 않고, 주체적인 의식을 유지하는 훈련이다.

여기까지 도달했을 때, 자기 인지력과 자기 조절력이 어느 정도 올라오는 훈련이 되었다 볼 수 있다. 그리고 이 훈련은 mPFC(medial prefrontal cortex)를 자극하며, 편도체를 진정시키는 효과도 있다. 편도체는 겁쟁이라고 우린 앞서 배웠다. 이 편도체를 진정시키는 것은 회복 탄력성에 중요한 조절 회로다. 두 번째 문을 열 때 관계 주체성은 회복 탄력성이 중요하다는 것을 보았을 것이다. 바로 이 원리다. 그리고 더불어, 관계를 리드할 수 있는 창의력과 용기는 모두 이 전전두엽에서 비롯된다. 따라서, 관계 주체성 훈련에서 명상은 빼놓을 수 없는 효과적인 훈련 방법이다.

명상을 해보고 의식하기 시작한 나의 모습은 어떤 게 있을까?

4

당신이 스스로를 통제할 수 없는 이유: 트라우마

트라우마는 단순히 직역하면 외상이다. 흔히들 정신적 외상을 그냥 줄여서 트라우마라고 쓸 뿐이다. 이 정신적 트라우마는 주로 어린 시절에 형성되거나, 결혼 반대와 같이 일정 이상의 정신적 충격을 받았을 때 형성된다. 이 어린 시기에 형성되는 정신적 트라우마는 우리 인간의 생존을 위해서 생긴 본능이다. 어린아이는 성인과 달리 비판적으로 판단할 수 없다. 그래서, 부모님께 혼나거나 물리적, 정신적 폭력을 당하면 그걸 소화해내지 못한다. 오히려, 그 상황을 통째로 외워버린다.

가령, 아버지의 폭력에 많이 시달리게 되면, 남자 목소리만 들어도 약간 두려워지고, 덩치 큰 남자들과 안정적인 관계를 맺지 못한다. 비판적인 기능을 할 수 없는 나이에, 생존을 위해서 그 상황을 피할 능력을 갖기 위해 관련 없는 것까지 통째로 외웠기 때문이다. 이 트라우마는 무의식 또는 잠재의식 속에 있기 때문에 나는 쉽게 보지 못한다. 그럴싸한 이유를 붙일 뿐이다. "덩치 큰 남자는 곰 같아서 별로야"와 같이 말이다.

정신적 트라우마를 갖고 살아가는 것은 잘못된 것이 아니다. 하지만, 상당히 피곤한 일인 건 확실하다. 정신적 트라우마는 기본적으로 외부 세계로부터 받으려는 마음, 요구하는 마음을 일으킨다. 내가 누군가를 존중하거나 감사하거나 연민하는 마음을 유도하지 않는다. 두려움을 일으켜, 외부 세계를 더 나아지도록 회피하거나 요구하거나 분노하는 감정들을 일으킨다. 즉, 우리가 두 번째 문을 열 때 봤던 원리에서 보자면, 관계에서 요구하는 자의 포지션으로 가게 되고, 스스로 행복해질 힘을 박탈당한다. 이것이 두 번째 단계에서 말한 을의 뇌다. 관계에서 행복의 주도권을 잃은 상황들을 보면, 그곳에는 나의 트라우마가 서려 있기도 하다.

프로이트는 인간은 평생에 걸쳐 자신의 트라우마를 반복적으로 강박한다고 했다. 딸들의 경우 가정 폭력을 휘두르는 아빠 밑에서 컸다면 "아빠 같은 남자 절대 안 만날 거야"라는 마음이 생긴다. 그러면 이 마음이 오히려 아빠 같은 남자를 고르는 데에 일조한다는 뜻이다. 왜 그런지 납득할 수 없을 것이다. 우리의 상식으로 말할 수 있는 부분이 아니다. 하지만, 분명하게 연구되고 증명된 메커니즘이다. 우리는 트라우마를 '단순한 반항 의지'로는 벗어날 수 없다. 오히려 더 깊은 통찰과 성장이 필요하다.

다행히 프로이트는 정신적 트라우마를 극복할 한 가지 묘책을 던지고 떠났다. 그건 바로, 직면이다. 단순히 아빠를 피할 게 아니라, 아빠한테 맞은 상황, 아빠한테 맞은 어린 나, 아빠한테 맞고 큰 내 인생을 직면하는 것이다. 그리고, 아빠라는 인간 자체에 대해서도 직면하는 것이다. 아빠라는 사람한테 느끼는 감정도 직면하고 수용해보는 것이다. 기존의 트라우마의 틀 속에 하지 못한 생각들을 하기 시작하고, 여기서 새로운 통찰을 얻으면 비로소 우리 트라우마는 녹는다.

혹시나, 부모의 기대에서 벗어나기 힘든 정신적 트라우마가 있다면 이 부분을 해소하는 노력을 같이 해보면 좋다. 주체적 인간이 되는 것은 공짜로 주어지지 않는다. 자유는 성장을 위한 고통을 견뎌낸 자들의 특권이다.

질문

무의식에 억눌러놨던, 나만의 상처는 어떤 게 있을까?

왜 당신은 부모를 위한 결혼을 하는가

5

나르시시스트 부모를 조심해라

　나르시시스트 부모님들을 대처할 때는 정말 조심해야 한다. 이들은 일반적인 사람들의 정서 반응을 보이지 않는다. 따라서, 정서적으로 깊은 대화를 해야 하는 상황들에서 나르시시스트 부모님들과 다툼이 일어나면, 정서적으로 사람이 피폐해지는 경우가 많다. 예를 들면 다음과 같은 반응을 보인다.

　A: 엄마! 왜 이렇게 내가 결혼할 남자 직업이랑 재산에 집착해!

　B: 내가 딸 열심히 키워서 그 정도 보상도 못 받아?

　A: 엄마 딸 파는 거야?

　B: 그래 판다고 하자! 5억 정도는 가져오라 그래!

딸을 자신의 이득을 위한 재물, 수단 정도로 생각한다. 그리고, 이 인식에 대한 문제점을 잘 못 느낀다. 다음과 같은 상황도 있다.

A: 엄마 나 이 남자랑 결혼하기로 했어. 엄마 맘에 안 들 수도 있지만, 그래도 딸 결정이니 믿고 지켜봐 줬으면 해.

B: 미친년아!! 너 아빠한테 이를 거야!!!

욕설과 고성, 인간 대 인간으로서 선을 넘는 비난 등을 서슴지 않는다. 그러면서도, 더 권력 관계 우위에 있는 사람을 이용해서 공격하거나 거기서 자신의 책임은 회피하는 모습을 보인다. 이외에도 서슴없이 뺨을 때리는 행위, 밤새 소리를 지르며 방문을 두드리는 행위, 키워준 값 내놓으라고 소송을 진행하겠다는 행위, 남자친구 집에 찾아가거나 불러내서 폭력적인 언행을 하는 행위 등이 있다. 내 부모가 나르시시스트라면 대응법이 약간 다르다.

일단 나르시시스트가 정확히 뭔지부터 알아야 한다. 정확히 말하면 이건 정신질환이다. Narcissistic Personality disorder가 정식 진단명이고 한국어로는, 자기애성 성격 장애라고 한다. B군 성격 장애에 해당하는 엄연한 정신 질환이다. 현재, 정신건강의학과에서 진단 기준으로 참조하는 미국 정신 의학회 DSM-V의 기준에 따르면, 다음의 특징

중, 5가지 이상일 때, 자기애성 성격 장애로 의심할 수 있다고 한다.

(1) 자신의 중요성에 대하여 과대한 느낌을 가진다.(성취와 능력에 대해서 과장하고, 적절한 성취 없이 특별한 대우를 받기를 기대한다)

(2) 무한한 성공, 권력, 명석함, 아름다움, 이상적인 사랑과 같은 공상에 몰두한다.

(3) 자신의 문제는 특별하고 특이해서 다른 특별한 높은 지위의 사람(또는 기관)만이 그것을 이해할 수 있고 또는 관련해야 한다는 믿음이 있다.

(4) 과도한 숭배를 요구한다.

(5) 특별한 자격이 있는 것 같은 느낌을 가진다.

(6) 대인관계에서 착취적이며, 자신의 목적을 달성하기 위해서 타인을 이용한다.

(7) 타인의 느낌, 요구를 인식하거나 확인하려 하지 않고, 감정 이입이 결여되어 있다.

(8) 타인을 자주 부러워하거나 타인이 자기를 시기하고 있다는 믿음을 가진다.

(9) 오만하고 건방진 행동이나 태도를 보인다.

이런 성격 장애 유형들은 문화적 의존성을 많이 보인다. 미국 문화에서 나타나는 나르시시스트와, 한국 문화에서 나타나는 나르시시스트적 특징이라는 게 따로 있다는 것이다. 그래서, 한국 나르시시스트 부모의 특징을 다시 정리해보았다.

(1) 부모가 항상 모든 자리에서 자식보다 주인공이 되려고 한다. 자식의 말을 막고 자신이 말한다.

(2) 자식의 성공은 나의 성공이라는 강한 믿음이 있다.

(3) 부모이기 때문에 자신이 도덕적으로 우월하고 자식을 위해 하는 모든 말은 옳다는 생각이 지배적이다.

(4) 다 큰 자녀에게 보복적인 언행을 일삼고, 그것에 대해 추호도 죄책감이 없다.

(5) 스토킹에 준하는 행동을 한다.

ex1. 자식이 얼마나 바보 같은 결정을 하는지 수 시간 동안 따라다니며 떠든다.

ex2. 욕설이 섞인 문자를 수백 통을 보낸다.

ex3. 자녀의 직장에 무작정 찾아가서 직장 동료들의 업무까지 지장을 준다.

(6) 자식의 애인에게 직접 전화해서 무례한 말들을 쏟아내고, 불러

내서 폭력에 준하는 행동을 하기도 한다.

(7) 자녀들의 불행과 고통에 개의치 않는다. 특히, 본인의 이득과 연관되어 있다면 오히려 안심하기도 한다.

ex. '저렇게 고통스러워하니까 이제 내 말 듣겠지? 다행이다….'

(8) 새벽 동안 정서적으로 착취적인 대화로 사람을 괴롭히고 다음 날 아침 일찍 일어나서 아무 일 없었다는 듯 밥을 차려준다.

수많은 케이스를 보고 나르시시즘으로 의심되는 분들의 공통점을 뽑아 본 것이다. 이 8개 중 1~2개에 해당한다면 그냥 자기중심적인 부모라고 볼 수 있다. 3~5개면 나르시시즘을 의심해 볼 수 있다. 6~8개는 이미 굉장히 착취적인 관계를 맺고 있는 것이다. 빨리 도망쳐야 한다!

⚭ 나르시시스트 대응법

자신의 부모님이 나르시시스트라면, 그러면 이 사실을 빨리 알리러 가야 할까? 그러면 부모님이 자신의 부족한 점을 알게 되고, 이 문제를 해결하기 위해 노력하게 될까? 당연히 불가능하다. 자기애성 성격 장애 환자들은 혼자서 고칠 수 없고 정신과 전문의를 만나서 분석적 정신 치료 또는 인지 행동 치료를 받아야 한다. 심지어 수년에 걸쳐 지속적으로 상담을 해야 한다. 그런데, 우리가 가서 부모의 정서적 문제를 해결한다? 불가능하다. 다행히 그보다는 훨씬 현실적인 해결책이 있다.

심리학계에서 제시하는, 나르시시스트에게 대응하는 방법 첫 번째는 삼십육계 줄행랑이다. 부모로부터 도망친다는 개념을 우습게 보지 말자. 여러분들이 정신건강의학과 전문의가 아닌 이상, 질환이 있는 사람과 지속적으로 같이 지내면서 아무렇지 않을 수 있다는 게 말이 안된다. 관계에 있어서 아주 착취적이고 주변 사람들을 정서적으로 피폐하게 만드는 유형이다. 그러니 최대한 빨리 멀어지는 게 좋다.

나는 내 부모라서 그렇게 하기 싫다면? 이해한다. 부모와 손절하는 게 쉽지 않다. 만약 관계를 계속 이어갈 것이라면 두 번째 차선의 방법이 있다. 바로, 회색돌 기법(Gray Rock Technique)이다. 길가에 있는 회색 돌을 떠올려보자. 그 회색돌을 여러분은 어떻게 바라봤는지 생각해보자.

'뭘 어떻게 바라봐…. 그냥 돌이구나 하는 거지….'

이런 생각을 했다면, 정답이다! 바로 그렇게 나르시시스트 부모를 바라보는 것이다. 나에게 비난을 쏟아내고, 착취적으로 굴어도, '아 돌이구나! 돌부리가 자꾸 걸리네.'라고 인식하는 것이다. 이렇게 하는 이유는, 나르시시스트에게서 부정적이고 피폐한 영향을 받는 지점이 바로 우리 자신의 공감 능력이기 때문이다. 나르시시스트들은 공감 능력이 결여되어 있기 때문에, 정서적 폭력에 무덤덤할 수 있는 것이다. 반면에, 우리는 기본적인 공감 능력을 타고 났기 때문에, 그들의 정서적 폭력에 노출된다. 그래서, 그들을 정서적 교감을 할 수 없는 회색 돌 정도로 생각하고, 정서적 교감을 차단하는 것이다.

A: 너 내가 우습니? 방금 속으로 내 욕했지? 말해!!
B: (무표정) 아니? 나 나갔다 올게.

그리고 최대한 멀어져라. 같이 살고 있다면 반드시 나와서 살고, 한 달에 한 번 연락하는 것도 10분 → 1분으로, 한 달 → 3개월, 6개월로 늘려라. 그렇게 해서 부정적인 영향을 받을 수 있는 접촉 횟수를 줄여라.

💍 나르시시스트 부모랑 결혼은 어떻게 진행하나요?

결혼식장 들어오기를 기대하지 않는 게 마음은 제일 편하다. 그러고 본인 인생이니 떳떳하게 그냥 결혼해라. 그런데, 그래도 의향이 혹시 있으실 때 들어오게끔 하고 싶다면, 일단 6개의 문을 다 열어보는 경험을 해보면 좋겠다. 나르시시스트로부터 자아를 분화시키는 건 정말 정말 생존의 문제다. 단, 조심할 점은, 정서적 교감을 일절 기대하지 마라. 결혼을 철저하게 통보시스템으로 가되, 스스로 자신의 내면과 소통을 많이 해야 한다.

　아무리, 나르시시스트라 해도 부모가 없는 결혼식은 한국 문화에서 알게 모르게 외롭다고 느껴질 수 있다. 그러니 스스로를 온전한 주체로 인식하는 주체성 트레이닝을 정말 열심히 했으면 좋겠다. 내 수강 회원분들 중에는 나르시시스트 부모를 모시고도 행복한 결혼을 하신 분들이 꽤 많다. 반면, 그런 분들을 입장시키지 않는 결정을 하신 분들도 만족감과 행복감을 느끼며 진행했다. 어느 방향이든 여러분들도 행복할 수 있다. 중요한 건 부모의 입장 여부가 아니라 '여러분이 나르시시스트 부모의 반응과 관계없이 행복할 마음의 준비가 완료되었는가'다. 부모 때문에 본인의 행복을 포기하지 마라. 이 말을 알리고 싶어서 내가 의사 일을 때려치웠다. 부모 때문에 자신의 행복을 포기하지 마라. 부탁이다…!

💍 그래도 부모인데 나를 이해해야 하지 않나요

　나르시시스트 부모 밑에서 컸다면 이미 마음에 상처가 많을 수 있다. 나도 모르게 상처를 꾹꾹 눌러 담고 애써 괜찮은 적 살아왔을 뿐이다. 그래서, 나는 여러분들이 이 네 번째 문을 열기 위해서 나 스스로의 상처를 많이 들여다봤으면 좋겠다. 이 책은 어쭙잖은 위로 에세이가 아니다. 상처를 들여다보는 건, 어떨 땐 목숨을 걸어야 하는 용기가 필요할 때도 있다. 그래서 나와 같이 6개의 문을 차근차근 열고 있는 것이다. 이번 문에서 꼭 부모로부터 받은 상처를 많이 들여다봐라. 그 상처를 스스로 위로해주는 감각을 찾아내지 못한다면, 회색돌기법이고 나발이고 부모한테 기대하고 원망하다가 허송세월 다 지나게 된다. 나 스스로에게 3가지 질문을 던져봐라.

1. 나는 어떤 상처를 안고 있는가?
2. 그때 나는 어떤 감정이었는가?
3. 지금 나에게 그 사건은 어떤 영향을 끼치고 있는가?

여러분이 스스로에게 든든한 아군이 되어주기 시작하면, 이 상처는 비로소 받아들여진다. 상처를 부정하는 단계에서는 부모 원망은 사라지지 않을 것이다. 꼭 기억하자. 상처를 받아들이면, 원망은 사라진다. 그리고 자유로워진다. 더 이상 그들은 내 인생을 막을 수 없다.

왜 당신은 부모를 위한 결혼을 하는가

질문

부모라는 이유로 상처를 허용했던 나르시시스트적인 부모님의 언행
은 어떤 게 있었을까? 앞으로는 어떻게 해야 할까?

당신의 네 번째 독립문을 열기 위한 핵심 열쇠

1. 과제의 분리를 연습해라

- 결괏값을 누가 책임져야 하는가? 책임져야 하는 그 사람의 과제다
- 일에 대한 책임과 감정에 대한 책임을 분리해라. 둘은 책임 소재가 다른 경우가 많다

2. 주인 마인드셋 vs 하인 마인드셋

- 주인은 범인 찾기를 하기보단 해결책 찾기를 한다
- 주인은 대접받는 행복보다 대접해 주는 행복이 더 자유롭다는 것을 안다

3. 무의식을 의식해보는 연습을 해라.

- 명상 훈련 3단계: 이완 → 집중 → 알아차림
- 망상활성계를 내 통제하에 둬라

4. 트라우마를 돌아보고 녹여내라

- 상처는 당신을 요구적인 하인으로 만든다
- 트라우마는 직면해야만 극복 가능하다

5. 나르시시스트 부모를 대처해라

- 나르시시스트는 일반인과 다르다
- 정서적 반응을 기대하지 마라
- 정서적 반응을 해주지 마라
- 최대한 멀어져라

다섯 번째 문:

건강한 감정을 느껴라

※※※※※※※※※※※※※※※※※※※※※※※※※※※※※※※※※※※※

"가정은 행복을 저축하는 곳이지 행복을 캐내는 곳이 아니다. 얻기 위해

이루어진 가정은 반드시 무너지고 주기 위해 이루어진 가정은 행복하게

된다."

우찌무라 간조

1

자식 집착은 대물림 된다

여기까지 왔다면, 이제 여러분들은 진짜 어른의 단계에 들어섰다는 느낌을 받을 것이다. 어른은 아이와 다른 관점으로 세상을 본다. 첫 번째 문에서 기존 관점에 대한 비판적 관점을 연습했고 두 번째 문에서 관계를 보는 관점을 편도체 중심으로 새로 장착했다. 세 번째 문부터는 멘탈력을 기르기 위한 과정이 시작됐다. 부모님이 반대하는 결혼에 대해 가지고 있었던 편견을 정화했으며, 네 번째 문에서 휘둘리지 않고 의식하는 방법을 알게 되었다.

이젠 슬슬 대화하러 가야 한다. 사람과 대면하고 대화한다는 것은 결국 감정까지 치환되어야 한다. '나는 이렇게 생각한다.'에서 그치는 사람은 내적 성숙을 대인 관계력으로 치환해낼 수 없다. 관계는 결국 감정이다. 증오보다는 연민이 유도되어야 하고, 분노보다는 침착함이

유도되어야 한다. 그리고, 절망보다는 자신감이 유도되어야 한다. 시
작해보자.

⊚ 애착 관계

현대 심리학에서 애착 관계를 파악하지 않고서는 관계를 파악하기
힘들다. 애착 이론(attachment theory)은 장기적 인간 관계의 근본
원인을 설명하는 이론이다. 이 이론의 핵심 주장은 영아기 시절 정상
적인 감정을 발달시키고, 나아가 사회적 발달을 하기 위해서는 하나
이상의 주 보호자(primary caregiver)와 관계를 형성해야 한다는 것
이다. 그런데, 이 과정에서 안정적인 애착 관계를 형성하지 못하면,
불안정 애착 관계라는 게 형성되고, 이 불안정 애착 관계로 인해 특정
행동 패턴이 인생 전반에 걸쳐 인간관계에서 나타나게 된다.

⚭ 불안정 애착 관계의 대물림

우리 할아버지 할머니 때에는, 부부간의 애착 관계의 중요성에 대해 잘 모르던 시기다. 조선 시대였다면, 성리학이 그 부부간의 정, 부부 유별 등을 통하여 유지했겠지만, 근현대 한국 사회는 그렇지 못했다. 일제강점기와 6.25를 겪으며 가족 간의 안정적인 애착은 사치가 되었다. 문제는, 그렇게 부부간에 안정적인 애착 관계를 맺지 못하게 되면, 부부는 일정한 패턴을 보이게 된다.

먼저 남성은 가족 자체에 애착을 느끼지 못하게 되는 양상을 보인다. 반대로 여성은 자녀에게 과도한 집착을 보이는 형태로 패턴이 나타난다. 아빠는 밖으로 나다니고 엄마는 자녀에게 자기 삶의 모든 의미를 의탁한다. 그런데, 이 애착 이론의 중요한 특징이 있다. 바로 이성 간의 애착은 동성 간의 애착으로 대체되지 않는다는 점이다. 즉, 남편과 애착 관계를 맺는 데에 실패한 여성은 아들을 통해서 이것을 채우려 한다. 그래서, 딸보다는 아들이 더 애정이 간다. 남편에게 느낄 수 없는 다정함과 듬직함을 채울 수 있기 때문이다.

그래서 엄마의 의식 세계에선 아들이지만, 엄마의 무의식 세계에서는 젊은 남편이다. 이런 불안성 애착은 아들이 성인이 되어서도 계속 나타나고, 결국 엄마와 아들은 건강한 분리를 해내기 어렵게 된다. 그래서, 아들이 건강한 연애를 통해 여자친구를 데려오면, 엄마는 그 여자가 그렇게 꼴 보기 싫은 것이다. 그러면 결혼 반대를 하고, 아들이 자의적인 선택을 못 하게 막기 시작하는 것이다.

만약, 억지로 결혼했다고 해도, 엄마와 아들 사이의 건강하지 못한 애착 관계는, 아들 내외가 건강한 애착 관계를 형성하는 것을 방해할 뿐이다. 그러면, 며느리와 아들은 부부간의 안정적인 애착을 맺지 못하게 된다. 이렇게 되면 며느리는 남편과 불안정한 애착 관계를 이뤘기 때문에, 또다시 자신이 낳은 아들을 남편의 대리인으로 여기게 되고, 아들에게 불안정한 애착 관계를 형성하기 시작한다. 나중에 이 아들이 자라나 성인이 되면, 이 여인은 다시 아들의 여자친구에 대해 경쟁 심리와 질투감을 가지게 된다. 결국 이렇게 끝없는 악순환이 시작된다.

이게 우리들의 어머니 모습이다. 이건 의식의 영역이 아니다. 엄마들이 "내가 낳은 아들로 대리 만족해 봐야지~" 해서 이렇게 된 게 아니다. 이성의 애착 불안은 이렇게 다음 세대로 전가되는 것이다. 무의식에 영역에서 말이다. 그래서 결혼 반대를 겪는 분들의 절반 이상은, 부모님이 결혼할 때 반대를 겪으신 히스토리가 존재한다.

만약 우리가 이 애착 실패의 사슬을 끊어내지 못한다면 어떻게 될까? 우리 자녀들한테 똑같은 짓을 하게 된다. 부부간에 안정적 애착을 맺는 것을 어려워하고, 이성의 자녀들에게 과도한 소유욕을 행사하며, 동성의 자녀들에게 동일시를 통해 자신의 못 이룬 욕심을 압박하게 된다. 난 안 그럴 거라고? 누차 말하지만, 이건 무의식의 영역이다. 자기가 이렇게 될 거라고 기획하고 이렇게 된 사람 없다. 부모님들도 어쩌다 보니 이러고 있는 것이다.

옛날 사람들은 이 '정신적 유산'의 대물림이 얼마나 무서웠을까. 나는 부모의 부족한 점을 보고 '나는 저러지 말아야지!'라고 속으로 다짐을 해도, 늙고 나니 소름 돋게 똑같은 짓을 하고 있는 것이다. 그래서 이 두려움을 이겨내기 위해 유럽에선 '신의 뜻'이라고 하고, 인도에선 '전생의 문제'라고 하고, 중국에선 '사주팔자의 문제'라고 하고 우리나라에선 '살이 꼈다. 귀신이 붙었다'라고 굿을 하는 것이다.

⚭ 정서적 독립은 가문의 영광이다

정서적 독립은 이기심으로 하지 않는다. 그렇게 해서 될 수가 없다. 정서적 독립은 이치 그 자체이고 가문의 대의명분이다. 여러분들의 조상님들이 실패하셨던 것을 여러분들이 해내는 것이고, 우리 자녀들에게는 이 불행의 대물림을 막아줄 수 있는 길이다. 나 혼자 살아보겠다는 옹졸한 마음으로 하는 것이 아니라, 내 자식들에게 내가 겪은 고통을 안 겪게 해줄 수 있는 아주 현명한 길인 것이다.

자녀들에게 불행의 대물림을 막을 수 있는 것은, 수십억짜리 집도 아니고, 부잣집 자제분 유혹해서 한 번 잡아채는 것도 아니고, 바로 이 정서적 독립을 통한 정신적 자유를 누릴 수 있게 하는 것이다. 자녀들한테 "이거 좋다. 이거 하렴." 이렇게 명령조로 말하면 안 된다.

그리고 여러분 또한, 부모의 기대로부터 자유롭고, 부모와의 갈등으로부터 자유로워져야 한다. 그래야만 여러분이 책임져야 하는 남편 또는 아내와 걸림 없는 사랑을 나눌 수 있다. 그렇게 모범이 되는 것이다. 아직도 결혼에서, 인생에서 돈이 이 모든 걸 해결해 줄 수 있다는 망상이 아직도 든다면 지금이라도 이 책을 덮고 여러분의 길을 가라. 만약 아니라면, 여러분이 이 책에서 읽었던 것은 하나도 잊어버리지 말고 연습하고 또 연습하길 바란다.

질문

우리 가족은 어떤 애착 관계를 맺고 있을까? 가계도를 그려보고 서로의 관계를 적어보자

2

부모님으로부터
영향받지 않는 비결

나는 요즘 예능에 나오는 딸바보 열풍을 긍정적으로 보지 않는다. 옛날 남아선호사상으로 딸을 차별하던 세대와 다르다는 차별성이 보인다는 점은 인정한다. 하지만, 그 기저에는, 결국 "내 딸이랑 결혼할 남자는 내 욕심에 차야 한다"라는 어떤 애착 불안이 보인다. 이는 남아선호사상의 시절에 존재했던 애착 불안과 여전히 같다. 그게 아빠로 옮겨갔고 딸에 대한 집착으로 옮겨갔을 뿐이다. 아들이든 딸이든 자식은 도구가 아니다. 여기서 벗어나는 데에는 여러분이 부모님으로부터 분화되는 것에 대해 불안함을 느끼지 않는 방향성이 필요하다.

왜 당신은 부모를 위한 결혼을 하는가

◔ 부모 욕심과 다른 사람이 된다는 것은 불효가 아니다

　여러분이 이루고자 하는 게 꼭 결혼이 아니라면 단순히 막무가내로 밀고 나가는 것이 효과가 있다. 그런데 결혼은 아니다. 여러분의 정서적 유산을 다시 남기는 결과를 막아야 하기 때문이다. 대학교, 회사, 진로는 밀고 나가서 선택하고 결과를 내면 끝이지만, 결혼은 간섭당하는 관계를 방치한다면 두고두고 문제는 반복된다. 결국, 부모님이 여러분의 결정에 간섭하는 것은 표면적인 현상일 뿐인 것이다.

　근본적 원인은 부모님과 내가 자아 분화가 되지 않은 점이다. 우리 무의식이 스스로 '나'라고 생각하는 범위가 딱 '나'까지 인식하지 않고, 부모님까지 포함되는 경우에 자아 분화가 되지 않았다고 표현한다. 이것은 무의식적인 영역이다. 부모님이 걱정하시면 그 불안이 전가되는 느낌, 부모님이 한숨 쉬시면 내가 잘못한 것처럼 죄책감을 가지는 느낌들을 떠올리면 된다. 그리고, 엄마가 남자를 보는 기준에 따라 내가 남자를 보거나, 아빠가 좋은 직업이라고 판정하는 기준에 따라 내가 사람을 평가하고 있다면 이것 또한, 부모의 가치관으로부터 자아 분화가 되지 않은 것이다. 정확한 개념을 한번 짚고 넘어가자.

　심리학자 보웬(Bowen)의 자아 분화는 정신의 내적 측면과 대인관계에 관련된 개념이고, 감정과 사고를 분리시키는 능력이라고 말한다. 즉, 자아가 분화된 사람은 사고와 감정을 분리시켜 서로 균형을 이룰 수 있게끔 할 수 있다. 이런 사람은 자제력이 있고 객관적으로 상황을 파악한다.

자아 분화는 '어린이가 어머니와의 융합에서 벗어나서 자기 자신의 정서적 자주성을 향해 나아가는 장기적인 과정'이다. 분화된 사람은 사고와 감정을 분리시키는 능력이 있고 둘 사이에 균형을 이룰 수 있으며, 자제력이 있고 객관적이다. 반대로 자아 분화가 잘 이루어지지 못한 사람은 확고한 자아를 발달시키지 못하고 거짓 자아가 차지하는 비중이 높게 되어 일관된 신념을 갖지 못하고 독립적인 행동을 하지 못한다.

예를 들어, 자아 분화가 뚜렷하지 않은 아들은, 여자친구를 대하는 엄마의 합리적이지 못한 태도에 대한 분노와 여자친구에 대한 불만족 사이에서 그 어떤 것도 제대로 택하지 못하고 어쩔 줄 몰라 하며 오락가락한다. 따라서 분화되지 못한 사람은 자율성과 자주성이 부족하며, 다른 사람과 융합하려는 경향이 있다. 정서적 융합은 분리와 반대 개념이다.[6] 우리나라의 경우 아들에 비해서, 딸들이 엄마와 정서적

---

6) 김세영, "남녀 대학생의 부모로부터의 심리적 독립이 이성관계에서의 갈등해결전략 및 이성관계만족도에 미치는 영향", 대한가정학회지, 2011.

융합이 많이 되어 있는 경향이 있다. 이 엄마와 융합된 딸들은 융합된 사람으로서 확고한 신념과 확신을 고수하지 못하며, 이성적 사고가 아닌 감정에 바탕을 둔 의사 결정을 할 수밖에 없다.

◌ 그 비결은 자아 분화력

부모님을 볼 때 분리된 감정을 느껴보자. 부모님의 걱정은 내 걱정이 아니다. 부모님의 실망은 나의 잘못이 아니다. 부모님의 불안은 내가 해결해야 하는 숙제가 아니다. 필기구나 태블릿을 꺼내서 나는 부모님과 다르게 어떻게 느끼는지 서술해봐라. 그리고 왜 그렇게 느끼는지 추측해봐라. 나라는 사람만이 가지는 가치관과 감정, 욕구들을 기술해봐라.

감정은 내가 타인과 다르다는 증거다. 3단계에서 보았던 무의식적인 신념과의 차이점이다. 신념은 반복하면 세뇌가 가능하지만 감정은 꼭 그렇지는 않다. 엄마가 맘에 드는 남자는 내 맘에 들 확률이 거의 없다. (5060 넘은 엄마와 2030 딸이 취향이 같으면 그것대로 신기한 일이다) 부모님과 별개의 감정을 느끼는 것을 두려워하지 마라. 너무 건강한 일이다. 보웬의 자아 분화 척도를 이용해 스스로 한번 평가해보자.

1. 나는 중요한 일을 결정을 내릴 때 마음 내키는 대로 결정하는 일이 많다

2. 나는 말부터 해놓고 나중에 가서 그 말을 후회하는 일이 많다

3. 나는 화가 나면 물불을 가리지 않고 행동하는 편이다

4. 나는 욕을 하고 무엇이든지 부수고 싶은 충동을 느낀다

5. 나는 다른 사람들과의 싸움에 잘 말려드는 편이다

6. 나는 대수롭지 않은 일에도 화를 잘 내는 편이다

7. 내 말이나 의견이 남의 비판을 받으면 즉시 바꾼다

8. 내 계획이 주위 사람의 인정을 받지 못하면 잘 바꾼다

9. 나는 비교적 내 감정을 잘 통제하는 편이다

10. 나는 남이 지적할 때보다 내가 틀렸다고 여길 때 의견을 더 잘 따른다

11. 나는 대다수 사람들의 의견보다 내 의견을 더 중시한다

12. 논쟁이 일더라도 필요할 때에는 내 주장을 굽히지 않는다

13. 주위의 말을 참작은 해도 어디까지나 내 소신에 따라 결정한다

모든 질문에 대해 아래 응답으로 점수를 대신한다.

1. 전혀 아니다   2. 아니다   3. 그렇다   4. 아주 그렇다

왜 당신은 부모를 위한 결혼을 하는가

이제 점수를 계산해보자. 1~8번까지는 자신이 정한 답의 번호가 점수다. 9~13번까지는 점수를 반대로 매긴다. 1 → 4점, 2 → 3점, 이런 식으로 치환해서 계산한다.

* 총점 평가

A grade: 4~18점   B grade: 19~36점

C grade: 37~46점   D grade: 47~52점

〈해석〉

점수가 높을수록 분화된 것이다. 낮은 것은 융합이라고 한다.

융합인 경우, 나의 자아 수준이 낮은 단계이다. 이것은, 나와 타인의 구분이 명확하지 않아서 가족을 하나의 덩어리, 융합된 것으로 느끼는 상태이다. 반대로 분화될수록 자아 정체감이 높은 상태이다.

A 수준   인정받고 싶은 충동이 크고 불안이 심하여

망상증, 우울증이 오기 쉽다

때로는 정신적인 치료를 요구하기도 한다

B 수준   타인의 영향을 많이 받는다

거짓 자아가 높고 감정 조절에서 어려움을 자주 느낀다

학습이나 심신 수련, 명상 등을 통하여 상위 수준으로 진입이 매우 용이하다

C 수준 지적 기능이 크다. 감정, 이성 조절이 쉬우며 타인과의 갈등에서 회복이 빠르다
일반인의 최고 단계라고 보아도 무방하다.

D 수준 자신의 내적 관점이 자유로우며 동시에 타인에 대한 배려와 귀를 기울일 줄 안다
최상의 리더십을 보유한 사람이라고 볼 수 있다.
보편적으로 일반인에게서는 보기 어렵고 깊은 심신 성숙을 이룬 종교인들에게서 보인다.

질문

나는 자아 분화력이 몇 점일까? 내가 자아 분화력이 높은 사람이라면, 이전과 어떤 점이 달라져 있을까?

---

7) 보웬의 자아분화 척도는 인터넷에서 무료로 열람이 가능하며, 본 책에서 사용한 버전은 제석봉(1989)이 번안한 버전의 일부로 보인다. www.impass.co.kr에서 로그인 없이 무료로 확인 가능하다. 가족의 미분화도를 보고 싶다면 추가적인 버전을 활용하는 것을 추천한다.

3

관계 마스터로 만들어주는
고지능 감정 6가지

지금 우리는 별개의 인간으로서 느끼는 감정 훈련이 진행되고 있다. 독립된 건강한 개인이 느껴야 하는 감정 6가지가 있다. 이 감정들은 정서 지능이 높은 사람들만 느낄 수 있다. 정서 지능은 비인지 지능이라고도 불리며, 인간관계를 건강하게 리드하기 위한 필수적인 능력이다. 자기 조절력, 감정 인지력, 대인 관계력 등이 해당한다.

이 능력들은 전전두엽이 얼마나 잘 활성화되느냐에 따라 갈린다. 이 6가지 감정은 전전두엽을 활성화시키는 감정들이다. 동시에, 편도체를 진정시키는 효과가 있다. 생각해보면 결국 인간관계를 장기적으로 리드하는 사람들은 건강한 감정을 느끼는 사람들이다. 결국 감정은 들키게 되어 있다. 거짓된 감정으로 억지로 유지하는 관계가 아니라 감정부터가 건강한 사람들은 이 6가지 고지능 감정을 잘 느낀다.

6가지 고지능 감정은 감사, 수용, 존중이라는 독립적 자아로서의 감정이 한 축을 담당한다. 그리고, 베풀어주는 갑의 포지션에서 느끼는 연민, 사랑, 용서라는 감정이 나머지 한 축을 담당한다. 이 각각을 훈련하는 것이다. 이 중에서도 감사라는 감정은 가장 복합적인 활동이 필요하다. 비관적으로만 보던 관점을 창의적이고 긍정적으로 유연하고 볼 줄 알아야 하고, 감사라는 감정이 느껴지면 그다음 긍정적인 행동이 쉽게 유도되기 때문이다. 가장 훈련하기에 효율성 높은 감정이라 할 수 있다. 이 6가지 중에서는 그나마 제일 피드백하기에도 쉬운 감정이다. 감사라는 감정은 안 느껴지면 안 느껴진다고 판단하기가 쉽다. 그래서, 여러분들이 6가지 고지능 감정을 혼자서 유도 훈련을 한다면, 감사부터 도전해보길 바란다. 방법은 쉽다. 매일 감사일지를 3가지씩 쓰는 것이다. 그런데, 생각 없이 아무거나 쓰기보다는 효율적으로 하는 것이다. 효율성을 올리는 데에는 2가지 방법이 있다.

첫 번째는, 사소한 것에 대해 쓰는 것이다. 지나칠 수 있는 사소한 것이라도 좋다. 이런 사소한 감사 거리를 매일 3가지씩 찾아내다 보면 보통 일이 아니라는 것을 알게 된다. 그런데, 신기하게도, 이렇게 사소한 감사를 발견하는 관점을 계속 훈련하다 보면, 사람들의 사소한 호의적인 감정들도 눈에 띄기 시작한다. 우리는 타인의 호의적인 감정을 생각보다 많이 놓친다. 그것도 부모님에 대해서는 더더욱 말이다. 이 사소한 감사를 놓치지 않는 정서 지능이 여러분을 관계에서 한결 자신감 있게 만든다.

두 번째는 창의적으로 쓰는 것이다. 예를 들면, 나 같은 경우, 부모님이 내 결정을 믿어주시지 않고 간섭하고 반대할 때에 엄청난 스트레스를 받았었다. 특히, 이성 교제와 결혼 문제에서는 정말 심했어서, 부모님을 원망도 많이 했다. 그런데, 창의적으로 생각해보기 시작하면 색다른 관점을 유도할 수 있다. "나는 부모님 덕분에 이런 책도 쓸 기회가 생기고, 나와 같은 고통을 받는 분들을 이해할 수 있는 깊이 있는 사람이 되었다. 덕분에 의사 때려치우고도 먹고 산다."

이건 억지가 아니라 정말 관점만 조금 바꿨더니, 위기가 오히려 나에게 기회가 되었다는 사실을 알게 된 것이다. 남들이 '부모님께 감사해라!'와 같은 꼰대 같은 말을 들었을 때와 완전 다른 것이다. 내가 실제로 느끼는 훈련이다. 이게 감사 훈련이다. 이 두 번째, 창의성 훈련이 잘 된다면, 여러분은 누군가가 상처를 줘도 거기서 긍정적인 점을 찾아낼 능력이 생긴다. 그러면, 결과적으로는 여러분은 그 누구에게도 쉽게 상처받지 않는다. 왜냐하면, 웬만한 갈등에서도 나한테 도움되는 면이 있다는 걸 알고 있으니까! 만약 이미 이걸 성공했다면? 새로운 세계가 열리기 시작할 것이다. 성숙한 멘탈의 세계에 오신 것을 환영한다.

질문

내가 당장 일상에서 유도할 수 있는 고지능 감정은 어떤 게 있을까?

왜 당신은 부모를 위한 결혼을 하는가

4

득이 되는 감정을 느껴라

우리가 6가지 고지능 감정만 느끼고 살면 너무 좋겠지만 그런 일은 없다. 우린 부정적인 감정들의 간섭에 시시때때로 도전받는다. 그럴 때는 두 번째 문에서 배웠던 걸 한 번만 되짚어보자. 주로 편도체가 주도하는 이 부정적인 감정은 우리를 관계에 종속되게 만든다. 원망, 분노, 불안, 두려움, 삐짐, 우울, 질투 등이다. 혼자 설 수 있는 힘을 박탈하고 상대를 원망하거나 요구하거나 기대하거나 하는, 일명 원·요·기를 하게 된다. 이 원·요·기라는 감정은 회복 탄력성을 떨어트리고 관계 주체성을 낮춘다. 관계에서 주는 관계로서 갑이 아니라 받아야 하는 을의 입장으로 우리를 계속 유혹한다. 그러면 어떻게 원·요·기 감정을 조절할 수 있을까?

⌕ 감정 인지력 높이기

제일 빠르고 정확한 정석적인 방법은 감정 인지력을 높이는 것이다. 감정 인지력이란 말 그대로 내 감정을 정확히 인지하는 능력이다. 우리는 감정을 인지하는 능력을 충분히 갖고 태어난다고 생각하지만 그렇지 않다. 계발하지 않으면 퇴화하는 능력이다. 예를 들어, 상대가 침 튀기면서 열을 올리며 얘기를 할 때, "왜 이렇게 화내?"라고 물어

보면, "내가 언제 화냈다고 그래?"라고 말하는 사람을 본 적 있을 것이다. 인정하기 싫어서 이러는 경우도 있지만, 진짜 본인이 화났다는 사실을 뒤늦게 인지하는 경우들도 많다.

감정이라고 하는 것은 객관적인 실체라고 규정하기가 힘들다. 여러분이 주관적으로 느끼는 그 자체를 감정이라고 부르기 때문이다. 이것은 마치 양자역학적인 인식론과 비슷하다. 양자 세계에서는 관찰이 대상의 본질에 영향을 미친다. 살짝 멘탈이 나가기 시작한다면, 다 잊어버리고 이 쉬운 버전 한 마디만 기억하면 된다. "관찰하는 순간 실제로 변한다!" 전자는 관찰하지 않았던 상태와 관찰한 뒤의 상태가 달라진다. 우리 마음도 똑같다.

내가 아빠를 원망하는 감정이 올라왔다고 생각해보자. 내가 이것을 제대로 인지하지 못했을 수도 있고, 인지하기 시작했을 수도 있다. 제대로 인지하지 못한 상태에서는, 손톱 아래에 박힌 잔가시처럼 우리를 성가시게 만든다. 아빠랑 대화만 해도 체할 것 같고, 아빠가 하는 말마다 답답하고 바보 같은 소리만 하는지 이해할 수 없다. 남친에 대해서 잘 알지도 못하면서 잘난 척하는 아빠가 얼마나 바보 같은지 알려주고 싶어진다. 아빠를 원망하는 마음이 왜 생겼는지, 인지하지 못한 상태에서 스스로 합리화만 계속한다. 내가 옳고 나는 피해자이고, 아빠는 틀렸고 아빠는 가해자가 된다.

하지만, 제대로 인지하기 시작하면 어떻게 될까? 내 감정을 인지하면 신기하게도 객관화가 시작된다. 감정과 나를 분리하기 시작한다. 나는 나고 원망은 원망이다. 아빠가 이상한 소리를 하기 때문에 원망하는 걸 수도 있지만, 원망했기 때문에 이상한 소리만 들릴 수도 있었던 것이다. 감정은 이렇게 인지하는 순간 나와 감정을 분리시켜 나 자신을 감정보다 우위에 두게 된다. 감정은 느끼지만 감정적이지 않은 사람이 되는 것이다.

왜 당신은 부모를 위한 결혼을 하는가

⚬ 감정 일지 작성

    감정 인지력을 높이는 효과적인 방법 중 하나는 감정 일지를 작성하는 것이다. 감정 일지는 4가지 항목으로 나뉜다.

1) 상황: 감정이 느껴졌던 상황에 대해서 서술한다. 여기에 내 의견이나 감정은 적지 않는다

2) 생각: 그 상황에서 무슨 생각이 들었는지 적는다. 지금 하는 생각도 좋다. 단, 여기에 감정을 적지 않는다

3) 감정: 그 상황에서 그 생각을 할 때 무슨 감정이었는지 적는다. 여기에 생각은 적지 않는다. 감정에 대한 서술어로 문장을 완성한다

4) 욕구: 근본적으로 내가 무엇을 원하고 있었는지 분석과 추측을 통해 적는다

    적다 보면 1, 2, 3번을 구분해서 적는 것부터 생각보다 쉽지 않다는 것을 알게 된다. 우리는 일상 생활에서 말을 할 때, 이런 실수를 자주 범한다. 상황 설명을 요구했는데 자기 생각을 말하거나 얼마나 속상했는지 말한다. 생각을 물어봤는데 감정을 얘기하거나, 심지어는 어

떤 감정이었는지 물어봤는데 생각을 대답하기도 한다. 상황은 상황이고 생각은 생각이고 감정은 감정이다.

그리고 4번에 도달하는 것이 중요한데, 인간으로서 느낄 수밖에 없는 근원적인 욕구를 탐색하는 과정이다. 예를 들면, 인정 욕구, 애착 욕구, 존중 욕구이다. 이는 대인관계에서 우리가 가지는 3대 욕구이다. 관계 문제를 해결할 때는 이 3가지 욕구가 해결되면 대부분 해결된다. 그리고 이 감정 일지 한 페이지가 두 페이지가 되고 수십 페이지가 쌓이면 나는 어떤 욕구의 결핍을 자주 느끼는 사람인지 파악이 가능해진다. 그러면, 관계를 맺을 때, 나라는 사람은 어떤 욕구에서 원·요·기를 느끼는지 알 수 있고, 전략적으로 대응이 가능해진다.

🔔 바로 알아차리기

감정 일지처럼 일이 벌어진 후에 감정을 인지하고 서술하고 받아들이는 과정이 있는 반면에, 일이 벌어진 그때 당시에 바로 감정을 인지하는 과정이 있다. 불교에서는 전자를 참회, 후자를 알아차림이라 하고 알아차림을 수련하는 것을 '위빠사나'라고 한다. 위빠사나란 사물에 대한 바른 깨달음과 지혜를 말한다. 이처럼 감정 인지력에 대한 통찰은 고대에서부터 중요하게 다루던 능력이다.

감정의 본질은 모닥불과 같다. 처음에 욕구가 올라올 때, 장작에다 스파크가 탁탁 일어나는 과정이다. 이때, 알아차림의 이완 집중력을 유지한다면 장작을 치우는 효과가 난다. 장작을 치우고 나면 감정은 금방 가라앉는다. 하지만, 이때에 순간 집중력을 놓쳐 감정에 정신이 팔려 끌려갔다면, 감정이라는 불이 붙어버린다. 이땐 *끄*기 힘들다. 불이 다 탈 때까지 기다리는 수밖에 없다. 이때 마음이 급해서 감정을 억누르면 안 된다. 충분히 타버리지 않은 장작에 남은 불씨가 언제 몰래 붙어서 마음이라는 집안에 번질지 모른다. 차라리 타게 내버려 둬야 한다.

이 과정을 혼자 해내기란 쉽지 않다. 그래서 좋은 방법은, 옆에 이 과정을 도와줄 경험자가 있으면 좋다. 그 경험자는 여러분이 어떤 감정을 느끼고 있을지, 앞으로 어떤 감정으로 번져 나갈지, 여러분이 그 감정을 인지하는 것을 놓치고 무슨 말을 할지 훤히 알고 있을 것이다. 감정 인지력과 자기 조절력과 같은 정서 지능 부분은 혼자서 늘리기 너무 힘들다. 정서 지능이 어느 정도 올라와 있는 사람과 직접 소통하고 그 사람의 감정 반응을 모방하며 나아가는 게 압도적으로 빠르다. 감정 파트는 더더욱이나 그렇다.

🔗 부모님의 욕구 스타일

마지막은, 부모님이 관계를 맺는 스타일을 분석해 보는 것이다. 관계에서의 3대 욕구는 애착 욕구, 존중 욕구, 인정 욕구라고 했다. 이 중에 여러분들의 부모님이 어떠한 스타일인지 보는 것이다. 제대로 트레이닝을 하자면 부모님의 어린 시절의 상처까지도 알아가는 과정들이 필요하지만, 일단 우리는 부모님의 타입이라도 알아보자.

1. 분리불안형

애착 욕구의 결핍을 많이 느끼는 부모님은 분리불안형이다. 오랜 기간 떨어져 있는 것에 대한 불안도가 높으며 자녀가 나이가 들었는데도 통금에 집착하는 증상이 나타나기도 한다. "내가 너를 사랑해서 하는 말이야", "엄마가 이렇게 애원하는데…. ○○해주면 안 되겠니"라는 말들을 많이 한다. 모녀지간의 경우 쇼핑을 자주 다니거나, 결혼 준비 시에 혼수 보러 다니는 판타지 등에 집착하는 경향이 있다.

이런 부모님은 어린 시절 애착 불안을 겪었을 가능성이 높다. 이런 분들에게 최악의 대화법은 내 남친이나 여친 편을 들면서 부모님에 대한 실망감을 감정적으로 표현하는 것이다. 애착 부분에서 정서적으로 미숙한 분들이다. 부드럽고 정중하게 달래는 형태의 대화가 효과적이다.

"결혼해도 자주 연락하고 찾아뵐게요! 저한테는 엄마 아빠뿐이에요!" 속에 없는 말이라도 그렇게 하는 것이다. 그리고, 말 한두 마디가 아니라, 애착 불안을 이겨내게 할만큼 지속적이고 일관성 있는 태도 또한 중요하다.

2. 독재자형

존중 욕구에 대한 결핍을 많이 느끼시는 분들이다. "내가 부모인데 자식 결혼 가지고 반대도 못 하냐", "어디 감히 부모 말에 대드냐"와 같이 자식을 아래로 보는 관계를 '본인의 권리'라고 주장하는 형태를 많이 보인다. 통금에 집착하기도 하는데, 이때, 애착 불안형 부모님들처럼 불안보다는 분노를 많이 보인다. 통금을 정한다는 것 자체가 '부모로서 내가 할 일' 또는 '부모니까 할 수 있는 일'정도로 여기시기 때문이다.

이런 유형의 부모님과는 '옳고 그름'의 논쟁은 금물이다. 존중 욕구의 결핍감을 가장 자극할 수 있는 게 '엄마 아빠는 틀렸어.', '엄마 아빠는 나빠.'와 같은 메시지들이다. 그냥 맞다고 말하는 대화가 차라리 낫다. '옳고 그름'보다는 '무엇을 할 수 있음'의 대화를 이어나가라.

"아버지 말씀이 다 맞습니다만 어쩌겠습니까…. 제 선택을 미루고 후회할 일을 만들고 싶지 않습니다. 믿어달라는 말밖에 드릴 수 있는 말씀이 없습니다. 면목이 없습니다."

3. 전문가형

인정 욕구에 대한 결핍이 강한 분들이다. 자식들 앞에서 인생에 대한 전문가가 되고 싶어 한다. 완벽주의적인 부모이기도 하다. 완벽을 추구하다 보니 본인의 미흡한 점에 대한 인정을 잘 하지 못하며, 칭찬에도 인색하다. 자식에 대한 과잉 기대가 있으며, 자식의 결혼을 통해서도 남들에게 인정받고 싶어 하는 경향이 있다. 자식의 결혼을 부모님들 인생의 트로피라고 여기는 경향이 있다. 이런 분들한테 최악의 대화법은 '부모님 의견이 얼마나 바보 같은 말인지 반박하는 대화'다.

인정 욕구를 만족할 수 있는 대화를 해보자. 부모님 의견이 일리가 있다고 인정해드리는 것이다. 대충대충 듣는 게 아니라, 듣고 고심하는 시간을 갖는 것이다. 설사, 맘속으로는 답이 정해져 있어도 고심하고 존중해드리는 대화를 해라. 그리고, 더불어, 그분들이 부모로서 얼마나 괜찮은 분인지를 표현해라. 쑥스럽고 오그라들 수 있다. 하지만, 이럴 때 아니면 표현할 기회는 오지 않는다. 용기를 내보자.

나와 내 부모님은 어떤 감정과 욕구 스타일을 가지고 있을까?

당신의 다섯 번째 독립문을 열기 위한 핵심 열쇠

1. 애착 관계의 대물림을 막아내라

- 이성의 부모의 애착 관계는 대물림 된다

2. 자아 분화력을 키워내라

- 별개의 인간으로서 가치관을 세우고, 별개의 감정을 느껴라
- 나의 자아 분화력을 평가하며, 피드백해라

3. 고지능 감정 6가지를 유도해라

- 6가지 감정을 유도하는 훈련을 해라
- 고지능 감정은 편도체를 억제하고, 대인 관계력에 필요한 창의력, 융통성, 타인 인지 능력을 올린다

4. 나에게 이로운 감정을 느껴라

- 감정은 관점만 바꿔도 긍정적으로 유도할 수 있다
- 해로운 원 · 요 · 기 감정은 감정 일지를 통해 객관화시켜라
- 나와 부모님의 욕구 스타일을 파악해라

여섯 번째 문:

리더 포지션을 잡아라

✼✼✼✼✼✼✼✼✼✼✼✼✼✼✼✼✼✼✼✼✼✼✼✼✼✼✼✼✼✼✼✼

"우리는 사람을 대할 때 논리의 동물을 대하고 있지 않다는 것을 명심해 야 한다. 우리는 감정의 동물, 편견으로 마음이 분주하고 자존심과 허영 으로 움직이는 동물을 상대하는 것이다"

데일 카네기

1

설득의 심리학

여섯 번째 문은 대인 관계력을 올리는 단계다. 이 관문은 기술적인 부분들을 익혀야 열 수 있다. 여러분들이 이때까지 자아 분화력과 멘탈력을 길러 온 것들이 빛을 발할 때다. 자기 인지력과 자기 조절력과 같은 능력들을 대인 관계력으로 치환해보는 것이다. 이 책에서 여러분들이 배울 대인 관계력은 바로 관계 주체성이다. 이 대인 관계력을 위해서 필요한 능력 첫 번째는 바로 설득이다.

⚭ 설득의 3요소

아리스토텔레스는 사람을 설득하는 데에 3요소가 필요하다고 했다.

첫 번째는 에토스(Ethos)다. 윤리라는 뜻의 'ethics'의 어원으로서, 신뢰, 태도라고 번역하면 된다. 신뢰는 어떻게 얻을 수 있을까? 아리스토텔레스는 인간 대 인간으로서의 호감을 얻는 것이라고 말한다. 여기서 호감을 얻는 방법이 크게 두 가지가 있다. 첫 번째는 관계에 대한 호의성을 보이는 것이다. 이 관계를 유지하고자 하는 의향과 이 관계를 유지하기 위해서 내 이익을 기꺼이 내어놓는 모습이다. 예를 들면, 이사를 왔다면, 떡이나 스타벅스 커피 한 잔이라도 사 들고 옆집을 방문하는 것이다. 갑자기 낯선 사람을 만나는 경계심을 어느 정도 내리고 '괜찮은 사람일 수도 있겠다'라는 신뢰를 쌓을 수 있다.

두 번째는 인간으로서의 모범을 보이는 것이다. 우리는 정치인이 "존경하는 국민 여러분"이라고 하면 믿지 않는다. 그들이 이때까지 해왔던 행적들을 관찰했기 때문이다. 만약 세종대왕께서 "존경하는 백성 여러분"이라고 했으면 느낌이 확 다를 것이다. 이렇게, 이 사람의 인생에 대한 태도와 언행을 보고 신뢰를 얻을 수도 있다. 이 에토스가 설득에서 가장 중요한 요소다.

두 번째는 파토스(Pathos)다. 감정, 공감이라고 번역하면 된다. 상대의 감정에 호소하는 것이다. 아리스토텔레스, 소크라테스, 플라톤, 데일 카네기는 인간은 감정의 동물이라고 했다. 인간 대 인간으로서 느낄 수 있는 공감, 그것은 사람의 마음을 움직이게 한다. 맞는 말을 해도 소시오패스처럼 냉철하게 말하는 사람은 우리가 동조해주기 싫은 심리가 바로 이것이다. 조금 철없는 소리라 할지라도, 사람들의 마음을 감쌌다면 그 사람의 발언은 힘을 얻는다.

세 번째는 로고스(Logos)다. Logic의 어원, 논리다. 현대인들이 가장 많이 빠지는 착각 중 하나가, 논리가 부족해서 설득하지 못한다고 생각한다. 물론, 논리는 준비되어 있어야 한다. 하지만, 그것은 나를 돌아보고, 나를 설득하고, 내가 나아갈 방향성을 잡는 데에 쓰는 것이다. 남을 설득할 때 들이대는 것이 아니다. 정말 에토스, 파토스가 잘 통하는 관계가 된다면, 그제야 로고스 한 숟갈이 얹어지면 금상첨화일 것이다.

👍 3요소 중에 가장 중요한 것

자, 우리는 부모님에 대한 관계 주체성을 기르기 위해서 무엇을 해야 할까? 로고스는 당장에 집어치워도 좋다. 로고스는 명분이다. 진짜는 에토스다. 여러분이 성인 대 성인으로 믿음을 얻어야 한다. 피보호자로서 보호받아야 하고 감시받아야 하는 존재가 아니라, 누군가를 보호할 줄 알고 내 화를 다스릴 줄 알고, 내 말과 행동에 책임지는 모습을 보여야 하는 것이다. 그래서 이 책의 6가지 문 중에 이것이 마지막 문인 이유가 여기에 있다. 내가 에토스로서 보여줄 모습이 준비가 안 되어 있는데, 설득의 3요소니 설득의 심리학이니 하면서 기술을 익히는 것이 아무 소용이 없기 때문이다.

여러 번 반복하지만, 관계 주체성은 모범적인 대상이 되는 것에서 시작된다. 상대가 나를 보고 본받을 것이 있어야 하며, 그건 부모님이라도 마찬가지다. 여러분의 에토스를 보여줘라. 서운한 말씀을 하셔도 나는 호의적으로 대해주는 더 성숙한 인격의 모습을 보여드려라. 그것이 이기는 것이다.

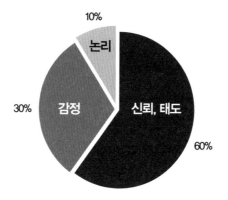

질문

설득의 3요소를 적용해본다면 각각 부모님께 어떤 모습을 보여드리고, 말할 수 있을까?

2

가정에서 새로운 리더가 되어라

"순종 받기를 원하는 사람은 명령할 줄 알아야 한다."　　마키아벨리

　내가 원하는 미래는 내 마음의 준비가 끝나 있어야 도래한다. 그래야 원하는 미래가 문을 두드린다. '결혼하면 독립되겠지'가 아니라 정서적 독립이 이미 완료되면 행복한 결혼이 자연스레 유도된다. 그런 의미에서, 여러분이 정서적 독립을 했다는 것은, 내 짝과 내가 가족이 될 마음의 준비가 이미 되어 있어야 한다. 다시 말해, 누군가가 "당신 가족은 누구예요?"라고 할 때, "엄마, 아빠, 누나, 동생….." 이런 소리가 튀어나오면 안 된다. "제 남편이랑 결혼 생각하고 있어요!"라고 이미 가족의 경계선이 마음속에 바뀌어 있어야 한다.

　결혼하기 전에, 나의 연인은 이미 내 예비 배우자라 생각 들어야 하

고, 무의식중에 내 가족은 이제 나와 내 배우자 둘밖에 없다고 생각해야 한다. 최근 2030 세대가 결혼 준비를 하는 과정에서 파혼하는 경우가 상당히 많은데, 이 근본적인 원인 중 하나가 바로 가족 인식이다. 남자는 시댁에 여자친구가 가족으로 추가된다고 생각하고 여자는 남자가 처가에 가족으로 추가된다고 생각한다. 아니다. 여러분의 부모님은 이제 친척이다. 여러분의 가족은 배우자지, 부모님이 아니다. 이것부터 인식이 바뀌어야 한다.

⚭ 동아리장이 되어라

그러면, 이젠 발상 자체를 바꿔야 한다. 부모님의 "네 맘대로 할 거면 연 끊자."라는 말에 "죄송합니다. 그러지 말아 주세요."라는 포지션을 잡으면 안 된다. 반대로 해야 한다. "부모님이 우리 가족에 들어오실래요? 초대해줄게요! 싫으시면 강요하진 않습니다!"

내가 원가족(엄마 아빠를 중심으로 하는 가족) 구성원이라는 인식이 지배적으로 남아 있으면 이 가족이라는 동아리의 동아리장은 부모님이다. 이건 당연한 사나. 여기서 반항해봤자 쿠데타밖에 안 된다. 하지만, 정서적 독립은 이제 새 가족을 꾸릴 마음의 준비가 끝난 사람이다. 그러면, 가족은 나와 배우자다. 이 가족의 동아리장은 나와 배우자다. 부모님이 아니다. 이 동아리장은 부모님을 우리 동아리에 끼울지 말지, 그에 대한 결정권이 있다.

여기서부터 출발해야 한다. 부모님한테 다짜고짜 내가 알아서 할 테니 결정권을 달라는 식의 대화로 흘러가서는 안 된다. 어떻게 자식한테 그렇게 말하냐 이런 식으로 싸우는 것도 의미 없다. 아들의 경우, 아빠랑 대화할 때는 가장 대 가장으로서 대화가 되어야 한다. 남자 대 남자로서 대화하는 것이다. 엄마와 딸도 마찬가지다. 엄마와 딸이 아니라 여자 대 여자이자 가장으로서 대화하는 것이다. 부모님의 의절 협박에 쩔쩔 맬 필요가 없다. 여러분의 동아리에 부모님이 참여하고 싶게끔 만들면 된다. 그리고, 부모님이 동아리 규칙과 질서를 심각하게 위반한다면, 동아리를 지키기 위한 조치를 취해야 한다. 이제 동아리를 가족으로 바꿔서, 동아리장을 가장 또는 리더로 바꿔서 이 파트를 다시 읽어보면 된다.

질문

가정의 리더가 된 내 모습은 어떤 말을 하고 있는가? 난 어떤 감정을 느끼고 있는가?

왜 당신은 부모를 위한 결혼을 하는가

3

시댁 갑질 막는 처세술 7가지

상대 부모님 반대인 경우에도 반드시 첫 번째 관문부터 차근차근 읽어보길 바란다. 상대방 부모님이 반대할 때, 나는 할 일이 없지 않나? 라는 생각을 아직도 한다면 이 책을 헛읽었다. 해야 하는 일이 다를 뿐이지, 나만의 과제를 맞닥뜨렸다는 점에서는 똑같은 처지다. 내 살길 내가 찾아야지, 남친이나 여친한테 의존해서는 해결 안 된다.

그런 의미에서 처세술을 배워보자. 시댁 갑질이라 적었지만 요즘은 처가 간섭도 정말 심각한 문제다. 남녀 평등이 좋은 쪽으로 이뤄져야 하는데, 안 좋은 쪽으로 평준화가 되어버렸다. 어쨌든 결혼을 해서 행복한 생활을 하려면 그에 따른 책임도 따르는 법이다. 구더기 무서워서 장 못 담근다는 건 말이 안 된다. 시댁이나 처가 무서워서 결혼 못하는 겁쟁이가 되지 않기 위해서는 갑질 막는 처세술이 필요하다. 시댁이나 처가 갑질을 막는 처세술은 존재한다.

1. 성인으로서 협상하고 리드하는 법: 포지셔닝

인간은 본능적으로 자신보다 강한지 약한지를 파악하는 능력이 있다. 이걸 꼭 모든 인간관계는 상하 관계가 존재한다는 논리로 비약할 필요는 없다. 단순히, 내가 특히 조심하는 사람이 있고, 아닌 사람이 있다는 정도로 이해하면 좋다. 대표적인 것이, 어른 앞에서도 당당하지만 예의 바르게 얘기하는 사람이 있는 반면, 나보다 조금만 나이가 많아도 할 소리 못하는 사람이 있다.

후자의 상황에 있다면 탈피해야 한다. 시부모님, 장인어른, 장모님은 나의 부모와의 관계를 적극적으로 투사하게 되는 대상이다. 즉, 내가 부모님과 정서적 유착을 청산하지 않으면 그게 시부모님이나 처가와의 관계에서 지속된다는 뜻이다. 부모님과 먼저 어른 대 어른으로서 대화하고 행동하는 연습을 해보자. 만약 이 여섯 번째 문부터 보기 시작했다면 무슨 말인지 이해가 안 갈 것이다. 하지만 다섯 번째 문까지 무난히 열고 온 여러분은 부모님과 어른 대 어른이라는 느낌으로 대화한다는 것이 뭔지 알 것이다. 아직 잘 모르겠다면 좀 더 자세히 보자.

2. 책임을 지면 멘탈이 강해진다

자유와 책임은 N극과 S극처럼 반드시 따라다닌다. 아무리 N극을 떼어내도, 다시 S극이 생기는 자석처럼, 아무리 자유만 떼어내려 해도 거기에 따른 책임이 또 생겨난다.

즉, 여러분이 책임질 수 있는 한도 내에서는 어떤 자유도 여러분의 것이다. 이 말 중요하다. 책임질 수 있다면 자유는 우리의 것이다. 그렇다면 책임질 수 없는 자유엔 대표적으로 어떤 게 있을까?

1. 남을 때리거나, 죽이는 행위
2. 남의 물건을 훔치거나 재산상의 큰 피해를 입히는 행위
3. 나의 이득을 위해 거짓말을 하여, 남에게 큰 피해를 끼치는 행위
4. 상대의 의사와 반하여 괴롭히거나 성적으로 희롱하는 행위
5. 술, 마약 등 약물에 취하여 통제할 수 없는 상태에 도달하는 행위

위의 5가지는 엄밀히 말하면 행동에 대한 책임을 질 수 없다. 이 5가지는 온 사회가 나서도 복구하기 쉽지 않은 피해를 남긴다. 즉, 내가 책임지는 건 불가능하다는 얘기다. 남을 때리거나 죽이고 나면 아무리 형을 살고 반성을 해도 피해를 입은 상대는 폭행당하기 전의 상

태로 돌아가지 않는다. 절도, 사기, 성추행 모두 마찬가지이다. 약물 중독의 경우, 나의 의지로 되지 않기 때문에 책임지겠다는 말이 의미가 없다. 우린 이걸 강력 범죄라 부른다. 강력 범죄의 핵심은 형을 살든 안 살든 비가역적인 피해를 입히는 것으로, 내가 온전한 책임을 질 수 없는 행동이라는 특징이 있다.

부모님의 반대를 무릅쓰고 사랑을 하고 결혼을 하겠다는 우리는, 내 삶의 결정권을 내가 찾으면서 동시에, 남을 배려하고 존중하고 사랑하는 행위를 실천해 나가는 것이다. 이런 사람들은 책임질 수 없는 위와 같은 행동은 절대 해서는 안 된다. 그건 자유라는 변명 하에 허락될 수 없다.

그럼 반대로 말하면? 이 5개에 해당되지 않으면, 죄책감 따위는 제발 날려버리자. 여러분은 죄를 짓는 게 아니다. '너는 나쁜 자식이다.'라는 말에 속지 말자. 여러분의 자유는 여러분이 찾아야 한다. 어머님 아버님께 죄송하다는 말을 함부로 꺼내지 마라. 위 5개가 아니라면.

그럼 이제 자유에 대한 이야기를 했으니 책임도 이야기 해야 한다. 선택에 대한 책임은 이에 대한 결과를 결국 받아들이는 형태이다. 예를 들면, 부모님의 반대에도 앞으로 나아가려면 잔소리 더 들을 각오 해야 한다. 남친 또는 여친이 심리적으로 힘들어하거나 그 스트레스를 나에게 표출할 수 있는 가능성도 각오해야 한다. 더한 스트레스와

왜 당신은 부모를 위한 결혼을 하는가

각종 협박들을 받아들여야 한다. 자유는 누리고 싶고, 그것을 쟁취하기 위한 스트레스나 욕은 듣기 싫다면 그건 자유가 아니라 욕심이다.

"결혼은 절대 반대다! 결혼할 거면 우리랑 안 보고 살 작정해라!"

이런 소리에 죽을 것 같이 굴지 말자는 뜻이다. 여러분이 상대 부모님을 바라보는 인식 구조가 성인이 성인을 바라보는 것이 아니라 피보호자가 보호자를 바라보는 인식이기 때문에 가슴이 저며오는 것이다. 내 자유에 따른 책임을 회피하지 않으면 두렵지 않다.

3. 요구적인 언어를 사용하지 말자

이젠 말하면 입 아프다. 어머님 아버님께 허락받으러 가지 마라. '허락'이라는 단어 자체를 사용하지 마라. 그냥 최소한의 예를 갖추기 위해 인사드리러 가는 것이다. 우리도 단짝 친구가 아내나 남편 소개 한 번도 안 시켜주면 서운한 것처럼 이 정도는 예의다. 우리는 허락이라는 요구 사항을 들고 가는 게 아니라, 인사라는 인간적인 예의를 실천하러 가는 것이다.

만약, "저는 얼굴도 보기 싫은데요?"라는 생각이 든다면, 다시 두 번째 문에서 다섯 번째 문까지 반복해라. 상처가 아직 아물지 않았고,

회복시키는 방법을 몰라서, 원망으로 상처를 덮기 급급한 상태다. 이 상태로는 결혼해도 행복할 것이라고 장담 못 하겠다. 나부터 성장할 수 있는 계기로 삼고, 원망이라는 감정에 시달리지 말자. 누군가를 원망하고 산다는 건 진짜 힘들다. 그 사람을 위해서가 아니라 나의 생존을 위해서 수용하고 용서하는 것이다.

4. 무례한 대화는 쳐내자

특히 어머님들 같은 경우는 상견례나 첫 소개 자리에서 무례하게 구는 분들이 꽤나 존재한다. 내 자식 얼마나 귀하게 키웠는데 뭐가 아쉽고 뭘 더 해줬으면 좋겠고 이런 말들이다. 무례한 대화까지 다 받아내면서 지낼 필요는 없다. 리더는 경계 설정을 잘 해야 한다. 리더는 규율을 유지하는 역할을 한다. 새 동아리를 꾸리는 데에 경우 없는 행동이 자꾸 허용되다 보면 끝이 없다. 예를 들어보자.

A: 어휴 난 우리 아들 너무 아까워서 안 되겠어~

B: 진짜 힘들게 키우셨겠어요~!

A: 그래서, 집은 우리 아들 직장 앞으로 해야 하지 않겠어?

B: 마음은 알겠지만, 저희 부모님도 저 귀하게 키워주셨는데 얼마나 슬프시겠어요~ 다음에 집 옮길 때 더 좋은 입지로 고려해볼게요~

이런 경우는 대놓고 선을 넘는 경우의 대표 격이라고 할 수 있다. 이럴 때도, 미운털 박히기 싫어서 쩔쩔매기보다는 쳐내는 대화를 해야 한다. 하지만 잊으면 안 된다. 성인 대 성인의 건강한 감정으로 경계 설정을 하는 것이다. 지금 이 포지셔닝 파트는 멘트 자체보다도 내 말투와 표정에서 느껴지는 따뜻함이나 여유로움이 훨씬 중요하다. '저 아줌마 한 번 골탕 먹여 봐야지'라는 보복적 마인드라면, 이런 여유로움이 생길 수가 없다. 그러면, 여러분은 평생 이 관계에서 끌려다닐 것이다.

이 책은 여러분한테 한 번도 '도덕적으로 이렇게 저렇게 해야 한다'와 같은 말을 한 번도 한 적이 없다. 상대를 원망하는 마음은 도덕적으로 하면 안 되는 것이 아니라 내가 그 감정에 잡아 먹히기 때문에 나를 위해서 안 하는 게 좋을 뿐이다. 무슨 말인지 모르겠으면 두 번째 문을 다시 열고 와라.

5. 배우자 될 사람을 조종하지 마라

많은 분들이 실수하는 부분이다. 상대 부모님의 무례한 간섭은 듣기 싫고, 연애나 결혼은 하고 싶고 이런저런 욕심에 집착하다 보면, 당연히 제일 만만한 연인에게 쓴소리를 하게 된다. 이럴 때 우린 조심해야 한다. 네 번째 문을 열기 위해서 우리는 남의 과제에 기웃거리지 않아야 함을 배웠다. 내 인정 욕구와 결혼 욕심을 채우기 위해 상대에게 특정 결괏값을 요구하는 압박은 정말 좋지 않다.

"어머님이 그런 말 할 때 넌 뭐했어?"

"연 끊자 하시면 그냥 끊어! 왜 이렇게 답답하게 굴어. 나랑 결혼 안할 거야?"

남친이나 여친이 아직도 마마보이나 마마걸스러운 구석이 남아 있다면 더더욱 좋지 않다. 그들은 아직 스스로가 정서적 독립이 안 되어 있다는 사실을 받아들이지 못한다. 압박해봤자 그들은 여러분을 악마화시키거나 "널 행복하게 해 줄 자신이 없어…." 같은 이상한 소리나하게 된다. 항상 핵심은 모범이다. 나부터 성숙한 인간이 되었는지 돌아보고, 운 좋게 정서적으로 좋은 부모님 밑에 태어난 걸로 유세 떨면 여러분의 연인은 여러분에게 계속 정떨어질 여지만 남을 뿐이다.

성공 사례들의 공통점은 바로 "사랑에서 나오는 모범"이다. 수개월에 걸친 모범만으로도 상대는 변화가 찾아온다. 내가 이 사람을 사랑하기로 했다면, 반대당하는 손해쯤은 쿨하게 수용하자. 그게 바로 내가 먼저 성숙해지는 노력을 게을리하지 않았다는 증거다. 이분들은 원망의 감정보다는 자신에 대한 사랑과 상대에 대한 연민을 탄탄하게 딛고 서서, 결과에 연연하지 않는 사랑을 지속했다.

6. 결과에 연연하지 말자

"괜히 노력했다가 쓸데없는 짓이 되면 어떡하죠?"

인간관계의 좋은 술책 중 하나는, 결괏값에 매달리지 않는 것이다. 회사 일은 나와 일과의 관계이기 때문에 내가 결괏값에 매달려야 하는 것들이 생긴다. 하지만, 인간과 인간의 관계의 일은 변수가 제곱이다. 여기서 결괏값을 통제하려고 드는 순간, 엄청난 스트레스의 압박과 벗어날 수 없는 통제 욕구에 잡아 먹혀서 괴물이 되어간다.

그러니, 결과에 연연하지 않는 언어를 사용해라. "결혼 허락해 주세요."의 언어보단 "결혼식 참여해 주시면 너무 감사하겠습니다."의 느낌이 더 낫고, "결혼 무조건 이때는 해야 해요!"보단 "결혼 빨리 하는 게 좋지요."의 느낌이 낫다. 인간관계의 결과에 매달리는 언어는 그 사람의 조급함과 불안함이 엿보인다. 조금 더 초연하고 침착한 모습을 보이는 게 도움이 된다.

7. 결혼하면 안 되는 남자, 여자 걸러내는 법

결혼 반대의 상황에 부딪혔을 때, 이 상황은 내가 만나는 상대방이 좋은 사람인지, 아니면 나쁜 사람인지 판단하고 걸러낼 좋은 기회가 되기도 한다. 물론 결혼 반대당한다고 해서 만나는 사람을 다 걸러내라는 뜻이 아니다. 그렇게 되면 몇 안 남을 것이다. 걸러낼 수 있는 좋은 방법은 바로 유유상종을 이용하는 것이다. 내가 먼저 정서적으로 독립된 성인의 문 6개를 열어보는 것이다. 만약, 잘 열린다면? 여러분은 결혼 반대를 당하는 입장에서도 스트레스받을 일이 딱히 없을 것이다. 관계 주체성이 바로잡힌 사람일 것이다. 바로 이때, 결혼할 사람이면, 나를 보고 따라온다. 보고 배우고, 자신을 반성하면서 성장 속도를 따라오려고 노력한다.

하지만, 결혼할 사람이 아니라면? 내적 성장에서 급이 차이가 너무 많이 나면 말이 잘 안 통한다. 나의 6가지 고지능 감정의 반응이 이해가 안 가고, 성숙한 성인으로서의 내 가치관에 너무 많은 위화감을 느끼게 된다. 그러면, 인연은 거기까지다. 자연스럽게 멀어지게 된다. 인연은 이렇게 걸러내는 것이다. 경솔하게 "내 기준으로 꿰뚫어보겠어!"라는 생각은 추천하지 않는다. 사람이 사람을 평가하는 건 무척 어렵고 힘든 일이다. 인연의 끈으로 어디까지 닿는가 지켜보면 자연스레 걸러진다. 그러려면, 내가 원하는 상대의 모습을 내가 먼저 완성해야 한다.

질문

시댁, 처가의 갑질을 훌륭하게 막아내고 있는 나는, 리더로서 어떤 말을 하고 어떤 감정들을 느끼고 있을까?

4

결혼은 허락이 아니라 영업이다

부모님께 내 결혼 결심을 이야기할 때는 허락 받는 게 아니라 영업하는 것이다. 영업의 본질을 보자. 영업은 파는 영업 사원과 사는 소비자가 있다. 영업 사원은 팔 자유가 있고 소비자는 살 자유가 있다. 하지만, 영업 사원은 팔 의무가 없고 소비자는 살 의무가 없다. 이건 대단히 중요한 점이다. 여러분은 결혼식장에 부모님을 초대할 자유가 있고 부모님은 거부할 권리가 있다.

♂ 영업할 자유와 안 살 자유

영업 사원은 소비자가 안 살 자유가 있다는 사실을 전적으로 존중해야 한다. 만약, 영업 사원이 조금이라도 '당신은 이 물건 사야 해!'라는 생각을 가지고 접근한다면, 소비자는 거부감을 느낀다. 당해보신 분들은 알 것이다. 이건 무조건 느껴진다.

결혼으로 생각해보자. 여러분들이 '부모님은 찬성해야 해! 결혼식장 들어와야 해!'라고 생각하고 대화한다면, 부모님 입장에서는 당연히 거부감이 느껴진다. "왜 결혼은 네 맘대로 하면서 우리는 결혼식장에 들어가야 하나?" 대놓고 이렇게 말씀을 안 하실 뿐이다. 그러니, 부모님의 반대할 자유, 걱정할 자유를 존중하는 영업을 해야 한다.

💍 의연하게: 태도는 따뜻하게 행동은 단호하게

영업에서 핵심이다. 의연하게 대응한다. 여기서 의연하게 대응한다는 말의 뜻은, 태도는 따뜻하게 대하되, 행동은 단호하게 하는 것이다. 영업인데 왜 행동은 단호하게 하라고 할까? 소비자가 무리한 요구를 하는 경우에는 끌려다니면 안 되기 때문이다. '태도는 따뜻하게'의 예시부터 보자.

A: 또 걔 만나고 들어오니? 그만 만나라고 했지?
B: 너무 걱정하지 마. 엄마. 별일 있으면 꼭 말할게. 걱정해줘서 고마워.

너무 닭살 돋는다고 생각할 수 있다. 뻔한 좋은 말이네, 라는 생각이 들 수도 있다. 그럼에도 불구하고 위의 B 답변은 핵심이 다 들어가 있다. 핵심만 챙긴다면 정서에 맞게 애드리브는 본인이 하면 된다.

핵심은 이것이다.

1. 부모님의 정서적 불안정을 캐치한다
2. 그 불안정함을 다소 안정시켜주는 멘트로 시작한다

3. 그들의 감정에 지지한다는 느낌을 부여해 준다.

  (고마워, 이해해 등등)

4. 지레 겁먹고 확정적인 약속을 하지 않는다!

 하나씩 보자.

 정서 지능에 대한 감이 없다면 1번부터 쉽지 않을 것이다. 하지만, 너무나도 중요한 시작점이기 때문에 앞에 이 많은 페이지를 할애해 부모님들이 왜 그러는지 파악하는 시간을 가져본 것이다. 그들은 정서적으로 뭔가 불안하고 불쾌한 상태에서 멘트를 하는 것이다. 이때 나의 짜증과 낙담, 슬픔에 휩쓸리지 않고 상대방의 불안을 캐치해 낸다면 아주 훌륭한 출발이다.

 2, 3번은 1번을 했을 때 자연스럽게 따라오도록 연습한다. 이것도 연습 안 하면 잘 안 될 것이다. 이미지 트레이닝도 없이 갑자기 하려면 막 거머리가 기어오르는 것 같은 오그라듦이 느껴질 것이다. 어렸을 때 부모님이 이런 모습을 잘 보여주셨으면 자연스럽게 체득했겠지만 아닌 경우는 어색하다. 괜찮다. 거울 보고 꼭 연습해야 한다. 가능한 멘트는 '이해한다', '고맙다', '무슨 마음인지 안다' 등등을 활용하면 된다. 우리는 이걸 '공감'이라고 부른다. 공감은 감정에 대한 지지다. 논리나 명령에 대한 수긍이 절대 아니다!! 이 점이 중요하다. 다섯 번

째 문을 열면서 의견과 감정을 구분하는 연습을 먼저 했던 이유다.

4번도 중요하다. 해야 하는 것만큼 하지 않아야 하는 것 또한 중요하다. 하지 말아야 할 것은 바로, 내 행위에 대한 구체적인 약속을 하지 않는 것이다. 처음엔 굉장히 불편하게 느껴진다. 어렸을 때는 자기 전에 양치하기, 일찍 일어나기 등등 늘 행동을 약속하는 훈련을 했었다. 하지만, 어른이 되려면 상대방이 약속을 요구해도 내 필요에 따라 약속하지 않는 법을 배워야 한다. 예를 보자.

A: 너 엄마 마음 안다고 했으니까 다음부턴 걔 절대 만나지 마라! 약
   속하는 거다?
B: 에이 뭘 또 그렇게까지 얘기해~ 엄마 걱정 안 시킬게~

여기서 '네! 그럴게요! 약속해요!'라는 말 같은 건 없다. 그렇다고, '만날 거야!'라고 단정하는 것도 아니다. 분명히 앞선 1, 2, 3번을 하게 되면, 부모님이 감정이 누그러지고 안정이 되면서, 반드시 위와 같은 행위의 약속을 요구하게 된다. 그러면 행동의 영역은 단호해야 한다. 왜냐하면, 행동은 내가 책임지는 영역이지, 부모님이 책임져 줄 수 없기 때문이다. 책임지는 사람 뜻대로 하는 것이 맞다. 책임지지 못하는 상대의 말에 행동을 끌려다니면 안 된다.

다시 한번 정리하자면, 태도는 따뜻하게, 행동은 단호하게다. 둘이 섞어서 반대로 하면 안된다. 단호하게 하랬다고 태도까지 단호하게 해서 '만날 거야!', '엄마가 뭔데!', '아 좀 내버려 둬' 이렇게 하라는 게 아니다. '알았어', '무슨 말인지 이해했어.', '엄마 마음도 알겠어', '엄마 입장에선 그렇게 생각할 수도 있겠다.' 등등 상대방의 불안한 마음을 인지했다는 따뜻한 태도를 유지하는 것이다. 내가 더 성숙한 성인으로서의 태도를 가지는 셈이다. 반면에, 행동은 내가 결정한다. '엄마가 만나지 말랬는데… 만나러 가도 되나?'라고 밋밋하게 행동할 게 아니라, '엄마가 만나지 말라는 이유가 이것이라고 하는데… 흠 아직 동의하기 힘든걸? 일단은 맘 편하게 계속 만나보자! 또는 일단 결혼해서 살아보자!'라는 결단이 필요하다.

태도는 따뜻하게	무슨 마음인지 알아. 고마워.
태도 차갑게	아 괜찮은 사람이라니까 왜 이래~!!
행동은 단호하게	'엄마는 그렇게 생각할 수 있지만 내 생각은 달라. 일단 해보자.'
행동 어중간하게	'하 이거 하면 또 뭐라하겠지… 하지말까… 짜증나네….'

여기에 결혼식을 앞두고 있다면 딱 식장에 대한 영업을 한 스푼 얹는 것이다.

"내가 맘대로 하는 결혼에 엄마 아빠 들어오시라는 게 염치없지만,

와주시면 너무 감사할 것 같아요. 멋있는 결혼식으로 준비해놓을게요!"

나 같으면 이 결혼식 영업 산다! 얼마나 기특한가. 심지어 이 영업 사원이 내가 키운 자식이다. 우리 부모님 세대는 자식의 결혼식장에 안 들어가면 마음이 불편하다. 그러니, 일단 영업에 도전해보자.

⚭ 연인에게도 똑같이!

우리는 연애하는 상대방한테도 동일한 태도와 행동을 취해야 한다. 그게 중요하다. 반대하는 연애라는 미션을 수행해 나가야 하는 우리들은, 연애하는 둘이 서로서로 멘탈이 약해져 있을 가능성이 높다. 따라서, 연애하는 상대방도 굉장히 우울하고 불안하다. 수시로 다툼을 걸어오거나 우울해하거나 심지어 이별을 고할 수도 있다. 이때 상대를 대하는 태도는? 멘탈 나갈 거 없다. 태도는 따뜻하게, 행동은 단호하게! 1번부터 4번까지도 다시 보자!

– 연인의 정서적 불안정을 캐치한다
– 그 불안정함을 다소 안정시켜주는 멘트로 시작한다
– 그들의 감정에 정당성을 부여해 준다 (고마워, 이해해 등등)

– 지레 겁먹고 확정적인 약속을 하지 않는다!

예를 바로 보자.

A: 나… (우리 또는 너희) 부모님이 헤어지라는데… 어떡하지… 만
날 때마다 너무 불안하고 죄짓는 거 같아. 내가 죄인도 아니고…
이런 연애를 왜 해야 해?

B: 많이 속상하지? 충분히 이해 가. 참아달라고 강요하지 않을게….
그래도 이렇게 나 만나러 와줘서 고마워.

포인트만 집어보자. 남친, 여친은 이 일로 많이 불안하고 자존심 상
하고 죄책감 들 수 있다. 그럴 때, 불안한 마음을 캐치했다는 걸 인식
시켜주고 고맙다는 말로 공감해주는 방법이 있다.

다만, 함부로 확정적인 약속을 하지 않는다. 여기서 약속은 책임질
수 없는 약속을 말한다. 예컨대, '내가 설득해서 바꿔놓을게', '내가 다
시는 그런 말 하지 말라고 말할게.' 등등, 이런 말은 해선 안 된다. 그
렇다고 '너랑 결혼할 사이인지 잘 모르겠어', '너랑 계속 사귈지도 미리
단정 못 하겠네…' 이런 식으로 신뢰를 깨트리는 말을 하라는 것이 아
니다. 부모님을 설득해서 바꾼다거나 인생의 결정권을 빼앗아가는 상

대방의 통제적이고 무리한 부탁은 책임질 수 없기 때문에 정중히 묵인해서 거절할 줄 알아야 한다는 것이다.

A: 나를 사랑한다면, 부모님한테 용돈 받아서 나와. 그걸로 나랑 살자.

위와 같은 부탁은 사람에 따라서 아주 무리한 부탁일 수 있다. 이럴 땐, 정중히 묵인을 통한 거절이 필요하다.

💍 디테일한 팁들!

아래 팁들은 꼭 지켜야 할 핵심은 아니지만 도움 되는 팁들이다. 1, 2번만 조심하고 나머지는 개인 스타일에 따라 선택하면 좋다.

- 아들은 어머니 앞에서 여자친구 자랑 절대 하지 말자. 어머니 시집살이가 힘드셨던 집일수록 더욱 조심하자. 어머니의 질투심은 엄마와 아들 관계 그 이상이다
- 딸의 경우, 아버지 앞에서 지나치게 남자친구를 띄워주거나 의존하는 모습을 보이지 말자. 요즘은 더더욱 아버지들이 딸 남자친구에 대한 질투심을 갖고 있는 경우가 많으며, 그 질투심은 부모

자식 관계 그 이상이다

- '어디 갔다 왔니?'라는 질문에 곧이곧대로 대답할 필요가 없다. 다만, 거창한 거짓말을 하라는 말은 아니다. 그러면, 나중에 일이 더 꼬인다. 그냥, 친구들 만나고 왔다 할 정도면 충분하다. 실제로 최근에 만나던 친구들이면 더 좋다

- 프사는 복수 프로필로 해놓고 둘이 찍은 사진이 가족 단톡에 안 보이게 하면 좋다. 숨기는 목적이 아닌, 질투 유발을 줄이는 효과다. 우린 죄인이 아니다

- 부모님들의 스타일을 파악해 놓는 것도 좋다. 예를 들어, 자식의 고집에 더 불안감이 높아지는 부모님들이라면, 연애나 결혼에 초연한 모습을 보이는 것도 방법이다. '굳이… 결혼… 해야 하나?' 이런 식으로 떡밥을 던져 놓는 것이다. 그럼 부모님들이 오히려 반발 심리로 '결혼해야지!!' 하는 심리를 역으로 유도할 수 있다

- 자식의 무념무상에 더 불안해하는 부모님이라면 반대로 해보자. '내가 이렇게까지 확신이 있다. 디테일한 계획도 있다'라는 느낌이 들도록!

- 마인드 훈련이 덜 되었을 때는 일이 자꾸 꼬일 수 있다. 그럴 땐 말을 길게 하지 않고, 웃으면서 *끄덕끄덕* '알겠어(요)~' 하고 최대한 자연스럽게 자리를 피하자. 이기지 못하는 싸움은 일단 피하

는 게 명장이다

– 보통 부모님이 간섭이 심한 가정은 형제, 자매도 간섭이 있을 것이다. 형제, 자매랑은 구체적으로 이 주제에 대해 말을 길게 엮지 말자. 그들과 우리는 성인이 되고 짝이 생기면 사실상 남이 되는 과정이 시작되었다고 봐야 한다. 나와 다른 가치관을 가진 남과 지나치게 사적인 대화를 하면 생각 차이만 확인하고 오히려 싸우게 된다

이 여섯 번째 문까지 열면 여러분들은 주체성을 찾아가는 과정에 대해서만큼은 마스터가 되어 있을 것이다. 부모님을 건강하게 비판하고, 스스로를 비판하고, 스스로를 다시 세우고, 스스로 모범이 되어 타인에게 훌륭하게 설득해 내는 사이클은 그 어떤 방법보다 가장 확실하고 빠른 방법이다. 이 사이클로 여러분은 결혼도 하고, 새로운 도전도 하고, 부모님과의 관계도 더 건강하게 재정립할 수 있을 것이다. 여러분들의 여정을 응원한다. 이제 마지막 문이 열렸다.

질문

결혼을 영업하는 나는, 어떤 말을 하고, 어떤 감정으로 임할 수 있을까?

왜 당신은 부모를 위한 결혼을 하는가

당신의 여섯 번째 독립문을 열기 위한 핵심 열쇠

1. 설득의 심리 3요소: 신뢰, 감정, 논리

- 신뢰는 태도의 영역이다. 이것이 가장 중요하다
- 부모님이 신뢰할 수 있는 태도, 감정, 논리를 각각 재구성해보자

2. 리더로서의 역할을 연기해라

- 리더가 할법한 생각을 해라
- 리더가 할법한 감정을 느껴라
- 리더가 할법한 행동을 해라

3. 리더로서 시댁 및 처가의 갑질을 막아내라

- 유유상종의 원리를 이용해 결혼할 사람인지를 가려내자.
  내 급이 맞는다면 따라오고 아니라면 멀어질 것이다
- 나에게 오는 갑질은 내가 직접 막아내자

4. 결혼을 허락 맡지 말고 영업해라

- 공감의 기술을 익혀라
- 어른의 언어를 사용해라